AF329782

APPEL

AU

TRIBUNAL DE L'OPINION PUBLIQUE,

OU

RECUEIL DES JUGEMENTS,

ARRÊTS, ET AUTRES PIÈCES OFFICIELLES

RELATIVES AU PROCÈS ENCORE EXISTANT

ENTRE M. JAQUINOT DE PAMPELUNE, *Procureur du Roi au Tribunal de première instance de Paris, Plaignant et Demandeur, d'une part ;*

ET L'ABBÉ VINSON, Prêtre, Vicaire de Ste.-Opportune de Poitiers, prévenu et défendeur, d'autre part ;

A L'OCCASION D'UN OUVRAGE INTITULÉ :

LE CONCORDAT EXPLIQUÉ AU ROI.

A PARIS,

CHEZ L. G. MICHAUD, IMPRIMEUR-LIBRAIRE,
RUE DES BONS-ENFANTS, N° 34.

M. DCCC. XVI.

AVERTISSEMENT.

DEVANT les tribunaux de l'inquisition,
dont on ne parle en France que pour les
réprouver comme les plus monstrueux
abus de la puissance , les accusés ne
peuvent, il est vrai, se défendre et parler
pour leur justification qu'à huis clos ;
mais il est également vrai que, par une
sorte de compensation, équitable au
moins sous ce rapport, la dénonciation ,
l'accusation , l'instruction, le jugement
et la peine même d'emprisonnement ou
de pénitence qu'ils prononcent, tout se
dérobe aux regards de la curiosité publique, et se passe à huis clos.

D'après nos anciennes lois d'instruction criminelle, le prévenu ne pouvait
également se défendre qu'à huis clos :
mais pour que la balance de la justice,
même quant aux formes juridiques,

conservât, bon gré malgré, dans la main des juges le plus parfait équilibre, et pour ne point favoriser l'accusateur au détriment de l'accusé, toute la procédure criminelle, accusation, citation, réquisitoire, arrêt, prononciation, et même exécution de l'arrêt, s'il n'entraînait que privation de liberté, tout s'enveloppait des voiles du mystère, tout se passait à huis clos.

Si dans une cause où j'ai déjà victorieusement combattu mes accusateurs et mes premiers juges, au tribunal de l'opinion publique, la Cour royale m'eût accordé la même impartialité, le même avantage qu'accorde à ses accusés le formidable code de l'inquisition, je me serais volontiers contenté d'opposer une justification secrète à une secrète accusation. Mais loin d'en user ainsi dans cette cause, où la religion de l'Etat, le libre exercice de son culte, la morale évangélique, la doctrine de quarante évêques légitimes, et les libertés de l'Eglise gallicane sont tout à la fois compromis ; mes juges ne se sont fait aucun scrupule d'interprêter abusivement contre moi le soixante-quatrième article de la Charte; de faire retentir, par la voix des journaux, la capitale, les provinces, et l'Europe entière du bruit de leur arrêt définitif ; d'ordonner que, dans cette affaire, quoiqu'elle ne soit dangereuse ni pour l'ordre ni pour les mœurs, l'accusation, la citation, la condamnation, l'humiliation de la peine prononcée, tout enfin serait public, excepté la défense de l'accusé, et les moyens justificatifs d'une si belle cause !

Est-il juste que la France et toute la catholicité sachent qu'un prêtre de la religion de Jésus-Christ a été accusé et jugé comme séditieux, et qu'ils ne sachent pas quelle a été sa défense contre une accusation si grave ? Combien l'innocence et la vérité ne seraient-elles pas à plaindre ici-bas, si le tribunal de l'opinion publique et des gens de bien ne les consolait quelquefois du malheur des accusations calomnieuses et des injustes condamnations ?

L'Évangile est mon guide : malheur à qui foule aux pieds sa doctrine ; malheur à qui maintient ce qu'il proscrit, et défend ce qu'il ordonne ! Pour moi, j'y lis des préceptes, j'y vois des exemples, j'y trouve des modèles qu'il me faut imiter et suivre. Paul, accusé publiquement par les Athéniens, ne se défend point en secret, mais à haute voix et en présence de tous les membres de l'aréopage et du peuple qui l'écoutent : le même apôtre, devant le président Félix, reçoit la liberté de se défendre ; et, parlant au milieu d'un nombreux auditoire, il repousse publiquement une accusation publique. Pierre, accusé d'innovations séditieuses dans Jérusalem, au tribunal de la synagogue, a pour témoin de sa défense toute la populace judaïque ; et lorsqu'on lui ordonne de garder le silence sur la justification de sa doctrine, jugez, dit-il, vous-mêmes, s'il faut obéir aux hommes plutôt qu'à Dieu, qui nous a dit : *Annoncez publiquement ce que vous avez appris en secret, et songez que tous ceux qui ne m'auront pas confessé devant les hommes, je ne les confesserai point moi-même devant mon père qui est dans les cieux.*

C'est donc pour le confesser devant les hommes, ce divin rédempteur, c'est pour empêcher, autant qu'il est en moi, qu'une arbitraire et fausse interprétation de la Charte n'enlève à la cause de Dieu le privilége qu'elle accorde à la cause des assassins, c'est-à-dire le privilége d'être publiquement défendue, que je livre à l'impression cette requête, où se trouvent accumulés tous les moyens justificatifs de l'innocence qu'on accuse, et des vérités éternelles qu'on attaque : c'est aussi pour multiplier les rayons de lumière qui doivent éclairer la sagesse et la justice de ceux qui voudront l'être. Juges sur la terre, ils vont prononcer un

arrêt de peine ou d'absolution pour ou
contre la doctrine et la morale du législateur qui doit un jour les juger eux-
mêmes dans le ciel; et c'est lui qui
leur dit : potentats, et vous qui jugez les
hommes, ne vous abusez point, et sa-
chez qu'au dernier jour vous serez jugés
de la même manière que vous aurez vous-
mêmes jugé les autres. *Et nunc reges in-
telligite erudimini qui judicatis terram*
(Ps.), *in quo enim judicio judicaveritis
judicabimini* (Math.).

ASSIGNATION.

Assignation à prévenu. — Sixième chambre.

L'an mil huit cent seize, le 3 août, à la
requête de M. le procureur du Roi près le
tribunal de première instance du département
de la Seine, qui fait élection de domicile en
son parquet, au Palais - de-Justice, à Paris,
près ledit tribunal, j'ai Michel-Gilbert Bruet,
huissier-audiencier audit tribunal, demeurant
à Paris, rue de la Verrerie, nᵒ.   , quartier
des Arcis, patenté soussigné, donné assignation à M. l'abbé Vinson, demeurant rue Saint-
Denis, nᵒ. 237, ancien passage du Grand-Cerf,
où étant parlant à la demoiselle de M. Quin-
cey, qui m'a déclaré que la demeure de
M. l'abbé Vinson était à Paris, rue des Mou-
lins, nᵒ. 14, où je me suis transporté de suite
où étant en son domicile, en parlant au dé-
nommé en l'original. A comparoir et se trou-

ver en personne le samedi, 10 août présent mois, neuf heures précises du matin, *à l'audience du tribunal de première instance* du département de la Seine, sixième chambre, jugeant en police correctionnelle, séant à Paris, *au Palais de Justice; attendu qu'en* 1816, le sieur Vinson a fait imprimer, vendre et distribuer un ouvrage dans lequel il développe les principes les plus dangereux et les plus susceptibles de faire naître de nouveaux troubles dans l'État, lequel ouvrage a pour titre : *Le Concordat expliqué au Roi, suivant la doctrine de l'Église, et les réclamations canoniques des évêques légitimes de France,* suivi du précis historique de l'enlèvement de N. T. S. P. le pape Pie VII, de ses souffrances, de son courage, et des principaux événements de sa captivité, par l'abbé Vinson, ayant pour épigraphe : « S'il existe dans l'Église catholi-» que un évêque universel, il s'ensuit que vous-» mêmes n'êtes plus évêques. — Si nous ne » conservons point à chaque évêque sa propre » juridiction, que faisons-nous autre chose, » si ce n'est de confondre et bouleverser l'or-» dre ecclésiastique, dont nous, souverains » pontifes, nous devons être les plus fidèles » gardiens.» (St. Grégoire-le-Grand, pape.);

commençant par ces mots : « SIRE, entouré de
» ruines sacriléges ; » et finissant par ceux-ci :
« Et les autels de St.-Louis ; » attendu que,
notamment aux pages 49, 73, 85, 92, 93, 94, 95,
102 et 123, le sieur Vinson s'élève tout à-la-
fois contre l'article 13 de la loi du Concordat
du mois de juillet 1801, et contre l'article 9
de la Charte constitutionnelle du 4 juin 1814 ;
que, par exemple, il y qualifie de voleurs,
de spoliateurs , sacriléges , de transgresseurs
impénitents de toutes les lois divines , et y
menace de la damnation éternelle les laïques détenteurs des domaines provenants du clergé,
aliénés depuis 1791 ; qu'ainsi le sieur Vinson
a répandu publiquement des alarmes touchant
l'inviolabilité de propriétés qu'on appelle nationales , actes séditieux prévus par les articles
8, 9 et 10 de la loi du 9 novembre 1815; qu'enfin l'ouvrage du sieur Vinson doit être considéré comme une provocation , soit indirecte,
soit même directe au genre de délit sus-men-
tionné , à raison de la doctrine dangereuse et
erronnée qu'il professe, et de son opposition
formelle avec les lois politiques, civiles et pénales qui nous régissent.

En conséquence , se voir ledit sieur Vinson
condamné aux peines prononcées par les dis-

positions précitées; et, en outre, répondre aux conclusions qui seront prises contre lui par M. le procureur du Roi, d'après l'instruction à l'audience, et j'ai au susnommé, parlant que dit est, laissé cette copie.

BRUET.

JUGEMENT CONTRADICTOIRE .

De la sixième chambre du Tribunal de première instance de la Seine, présidée par M. Chré-tien de Poly, jugeant en police correction-nelle, et

ARRÊT PAR DÉFAUT

De la Cour royale de Paris, chambre d'ap-pel de la police correctionnelle, présidée par M. Choppin d'Arnouville.

Du 18 octobre 1816.

Entre M. le Procureur du Roi, plaignant, demandeur, d'une part ;

Et Pierre Vinson, abbé, prêtre, vicaire de Ste.-Opportune de Poitiers, demeurant à Paris, *rue du Hasard*, N°. 1er., prévenu, défendeur, intimé, non comparant quoique dûment cité, d'autre part.

Ledit Sr. Procureur du Roi, appelant d'un jugement contradictoire rendu le 3 septembre dernier en la sixième chambre du tribunal de première instance de la Seine, jugeant en po-lice correctionnelle, par lequel et attendu, 1°. que ledit abbé Vinson était, de son aveu, l'auteur de l'écrit ayant pour titre : *le Concor-dat expliqué au Roi, suivant la doctrine de l'Église.* 2°. Que dans le cours de cet ouvrage, et notamment aux pages 48, 73, 79, 84, 92, 93, 102 et 108, l'abbé Vinson, sans égard à l'article 9 de la Charte constitutionnelle et à l'article 13 du Concordat, avait qualifié de pillage et de vol manifeste la vente des domaines nationaux; et leurs acquéreurs et possesseurs, même ceux actuels, de voleurs sacriléges, et qu'il avait cherché à alarmer les consciences des détenteurs desdits biens, en les menaçant de la colère céleste, et en soutenant que le pape et les évêques n'avaient pu légitimer ce qu'il appelait l'envahissement du patrimoine de l'Église.—Qu'en cela, il s'était rendu coupable d'une provocation indirecte à l'un des délits prévus par l'article 8 de la loi du 9 novembre 1815: provocation prévue par l'article 9 de ladite loi. 3°. Que dans tout le cours dudit ouvrage, et notamment aux pages 89 et 90, l'abbé Vinson blâmait avec autant de hauteur que de dureté, la conduite tenue par notre S. P. le pape et par le corps de l'église gallicane, qu'il ne désignait que sous le nom d'église concordataire, et qu'il qualifiait de schismatique; qu'il avait même osé dire que les fidèles devaient, sous peine d'excommunication, fuir ceux qu'il appelait les faux évêques et les intrus qui avaient, suivant lui, usurpé le siége des évêques non démis.

Qu'en cela, l'abbé Vinson, quelle qu'eût été d'ailleurs son intention, avait provoqué les Français à violer une loi du royaume maintenue par la Charte, à manquer de respect pour le Roi qui la faisait exécuter, et même à lui désobéir : délit prévu par l'article 5 de ladite loi du 9 novembre 1815. Le tribunal, par ces motifs et d'après les dispositions des articles 5, 8, 9 et 10 de cette loi, ensemble l'article 52 du Code pénal, a condamné ledit Pierre Vinson à trois mois d'emprisonnement, sauf au Procureur du Roi de s'entendre à cet égard, s'il y avait lieu, avec les supérieurs ecclésiastiques du Sr. abbé Vinson ; a condamné ledit Vinson en 50 francs d'amende et aux dépens liquidés, à 4 francs 65 centimes, payables par corps, ordonné la suppression de l'ouvrage dont s'agit, commençant par ces mots : « SIRE, entouré » de ruines sacriléges ; » finissant par ceux-ci : « le clergé, l'Église et les autels de St.-Louis » donné acte, au surplus, au Procureur du Roi, de se réserver de poursuivre tout libraire ou tout imprimeur qui, à l'avenir, vendrait, distribuerait ou réimprimerait ledit ouvrage.

Ledit abbé Vinson aussi appellant dudit jugement, pour les torts et griefs que lui fait icelui.

A l'appel de la cause et sur les conclusions de M. Hua, avocat-général, pour M. le procureur-général.

La Cour, vu l'article 64 de la Charte constitutionnelle, et attendu que la publicité de l'instruction de ladite cause serait dangereuse pour l'ordre public, ordonne qu'elle aura lieu à huis clos, et que le frère même du prévenu est tenu de se retirer,

L'auditoire évacué et les portes de la salle d'audience fermées;

Ouï dans l'intérêt du prévenu, Me. Roussiale, avocat, qui, après quelques observations tendantes à établir que l'instruction peut être faite publiquement, a conclu à la remise de la cause au mois ou à six semaines, parce que, a-t-il dit, M. l'abbé Vinson desire plaider lui-même; qu'il n'a pas eu le temps de se préparer, des affections nerveuses et des palpitations continuelles lui en ôtant les moyens, ainsi qu'il était justifié par un certificat de médecin; déclarant au surplus Me. Roussiale, qu'il ne pourrait prendre aujourd'hui la défense de son client;

Ouï, sur ce, M. l'avocat-général en ses observations et conclusions pour voir la demande rejetée;

La Cour, attendu que les motifs à l'appui de la demande ne sont pas suffisants, les rejette, et maintenant le huis clos, ordonne qu'il sera passé outre à l'instruction.

En conséquence, ouï le rapport fait en audience close, par M. Gabaille, conseiller;

Ouï, pour M. le procureur-général, M. Hua, avocat-général, en son résumé de la cause, et en ses conclusions, pour voir aggraver la peine de prison prononcée par les premiers juges.

Vu toutes les pièces du procès, la requête d'appel de M. le Procureur du Roi, celle du prévenu, motivée entre autres sur ce que la Cour prévôtale serait seule compétente; et après en avoir délibéré en la chambre du conseil,

La Cour, rentrée en séance, et l'audience rendue publique au même instant, donne défaut contre l'abbé Vinson, non comparant, quoique dûment cité, et pour le profit;

Reçoit le Procureur du Roi appelant du jugement dudit jour 3 septembre dernier.

Statuant sur son appel, ensemble sur celui dudit abbé Vinson, lesquels appels sont et demeurent joints.

En ce qui touche le déclinatoire proposé par l'abbé Vinson; attendu que l'abbé Vinson est prévenu d'avoir, dans un écrit imprimé, vendu et distribué, cherché à inspirer des craintes sur la validité de la vente des domaines nationaux et sur leur légitime possession; que ce fait constituerait le délit prévu par les articles 5, 8 et 9 de la loi du 9 novembre 1815;

Appel.   2

qu'aux termes de l'article 10 de la même loi, la connaissance et le jugement de ce délit sont attribués aux tribunaux de police correctionnelle.

En ce qui touche le fonds : attendu que ledit sieur abbé Vinson, dans un ouvrage dont il reconnaît être l'auteur, ouvrage intitulé : « Le » Concordat expliqué au Roi, suivant la doc- » trine de l'Eglise, » s'est efforcé de verser le blâme et le mépris sur les acquéreurs et possesseurs de domaines dits nationaux, et d'attirer sur eux l'animadversion publique; qu'il qualifie de vol, sacrilége et de pillage la vente desdits domaines; que tout en convenant que la propriété légale et l'imperturbable possession desdits biens leur sont assurées par la force impérieuse des lois, il n'en cherche pas moins à alarmer leur conscience sur cette possession, et qu'en leur en prêchant la restitution, il ne craint pas de les menacer de la puissance céleste.

Attendu que la vente desdits biens a été ratifiée, confirmée et maintenue par le Concordat qui, à cet égard, fait loi de l'Etat, et encore par la volonté du souverain actuel et légitime de la France.

Attendu que la possession desdits biens est garantie par la Charte constitutionnelle, aujourd'hui loi fondamentale du royaume, et que c'est provoquer à la violer et à désobéir au Roi que de chercher à inspirer des craintes, même religieuses, sur leur possession.

Attendu qu'il est constant que l'écrit dont il s'agit a été rédigé dans cette intention séditieuse ; qu'elle y est plus particulièrement manifestée dans les pages 48, 73, 79, 84, 93, 102 et 108 ; qu'ainsi ledit sieur abbé Vinson s'est rendu coupable du délit prévu par les articles 5, 8 et 9 de la loi du 9 novembre 1815.

Attendu, d'autre part, que le mode d'exécution des jugements et arrêts, en matière criminelle, n'appartient qu'au Roi ;

Par ces motifs, la Cour, sans s'arrêter au moyen d'incompétence proposé, met l'appellation et ce dont est appel au néant ; émendant et procédant par jugement nouveau ; vu les articles 5, 8, 9 et 10 de ladite loi, dont il a été fait lecture, et lesquels sont ainsi conçus : Article 5. « Sont déclarés séditieux tous écrits » imprimés, à l'aide desquels on aura excité » à désobéir au Roi et à la Charte constitu- » tionnelle. » Article 8. « Sont coupables d'actes » séditieux, toutes personnes qui répandraient » ou accréditeraient des alarmes touchant l'in- » violabilité des propriétés qu'on appelle na- » tionales. » Article. 9. « Sont encore déclarés

» séditieux, les écrits mentionnés dans l'art. 5
» de la présente loi, soit qu'ils ne contiennent
» que des provocations indirectes aux délits
» mentionnés aux articles 5 et 8 de la présente
» loi. » Article 10. « Les auteurs des délits pré-
» vus par les articles 5, 8 et 9 de la présente
» loi, seront poursuivis et jugés par les tribu-
» naux de police correctionnelle ; ils seront
» punis d'un emprisonnement de cinq ans au
» plus, et de trois mois au moins ; ils seront
» en outre condamnés à une amende dont le
» *minimum* sera de cinquante francs. Les con-
» damnés demeureront en outre, après l'ex-
» piration de la peine, sous la surveillance de
» la haute police pendant un temps qui sera
» déterminé par le jugement, et qui ne pourra
» excéder cinq ans ; le tout conformément au
» chapitre 3 du livre Ier. du Code pénal. » Vu
aussi l'article 52 du Code pénal, dont il a été
fait lecture, et lequel est ainsi conçu : « L'exé-
» cution des condamnations à l'amende et aux
» frais, pourra être poursuivie par la voie de la
» contrainte par corps. »

Condamne ledit abbé Vinson à trois mois
d'emprisonnement, cinquante francs d'amende
payables par corps ; ordonne qu'à l'expiration
de sa peine, il demeurera pendant un an sous
la surveillance de la haute police, et fixe à deux

cents francs le cautionnement qu'il sera tenu
de fournir aux termes de la loi; ordonne la
suppression de l'ouvrage dont il s'agit, commençant par ces mots : « SIRE, entouré de
» ruines sacriléges », finissant par « le clergé,
» l'Église et les autels de S. Louis. »

Donne acte au Procureur du Roi de la production par lui faite du Mémoire justificatif
de l'abbé Vinson, commençant par : « SIRE, le
» divin Sauveur du monde, » finissant par :
« quelque outrage pour le nom de Jésus » et
de son interrogatoire, à fin de suppression dudit Mémoire. En conséquence, supprime ledit
Mémoire, comme également séditieux. Donne
acte aussi au ministère public de ses réserves
de poursuivre tous libraires ou tous imprimeurs
qui, à l'avenir, vendraient, distribueraient ou
réimprimeraient tant l'ouvrage que le Mémoire
justificatif dont s'agit.

Enfin condamne l'abbé Vinson aux dépens
de première instance et d'appel, liquidés en
tout à seize francs quarante centimes, en ce
non compris le coût, enregistrement et signification du présent arrêt.

Fait et prononcé à Paris, ledit jour dix-huit
octobre dix-huit cent seize, à l'audience publique de la Cour, chambre d'appel de police
correctionnelle, où siégeaient M. Choppin-

d'Arnouville, président ; MM. Parisot, Debonnaire, Lucy, Leschassier de Mery, Delavilleneuve et Gabaille, tous conseillers, lesquels ont signé le présent arrêt, en marge duquel est écrit : Enregistré à Paris le 23 octobre 1816 ; en débet pour un franc dix centimes, et visé pour timbre ledit jour, pour 4 fr. *Signé* DARNAULT.

L'an mil huit cent seize, le vingt-huit octobre, à la requête de monsieur le Procureur-général près la Cour royale de Paris, chevalier de la légion-d'honneur, lequel élit domicile en son parquet, sis au Palais de Justice ; nous Joseph-Louis Livache, huissier-audiencier en ladite Cour royale de Paris, y demeurant, rue du Gros-Chenêt, n°. 7, soussigné, avons signifié, donné et laissé copie à M. l'abbé Vinson, prêtre, vicaire de Sainte-Opportune de Poitiers, demeurant à Paris, rue du Hasard, n°. 1er, en son domicile, parlant à la dame Satillement, concierge de la maison, ainsi qu'elle a dit être, et se nommer. . . .

De l'arrêt dont copie est ci-dessus et des autres parts transcrite ; à ce qu'il n'en ignore et ait à s'y conformer, et lui avons, domicile et parlant comme dessus, laissé la présente copie. *Signé* LIVACHE.

REQUÊTE

A Messieurs les premier Président, Présidents et Conseillers de la Cour royale de Paris.

Expose l'abbé Vinson, prêtre, bachelier en théologie, et vicaire de Ste.-Opportune de Poitiers;

Que, cité à comparaître au tribunal de première instance du département de la Seine, jugeant en police correctionnelle, le 3 août 1816, à la requête de M. le Procureur du Roi, il a été accusé d'avoir répandu publiquement des alarmes touchant l'inviolabilité des propriétés dites nationales, dans un ouvrage intitulé : *le Concordat expliqué au Roi..etc.*; d'avoir, par-là, violé le Concordat et la Charte constitutionnelle, et de s'être rendu coupable d'actes séditieux prévus par les articles 5, 8, 9 et 10 de la loi du 9 novembre 1815;

Que, par jugement contradictoire du 3 septembre suivant, il a été condamné à trois mois d'emprisonnement, à 50 francs d'amende, à deux années de surveillance sous la haute police, à 3oo francs de cautionnement, à la suppression de son ouvrage, et aux frais de la procédure;

Que, ledit jugement, quoiqu'il ne fût rendu qu'en première instance, et fût sujet à l'appel, a été scandaleusemennt, et par l'autorité de quelques magistrats de police, livré aux crieurs publics, vendu et proclamé pendant trois jours consécutifs, avec des vociférations calomnieuses et des insultes même contre la religion catholique et ses ministres;

Qu'à la suite de cette autorisation, donnée par les susdits magistrats, des attroupements populaires ont eu lieu, et notamment, comme on peut en fournir la preuve juridique, autour de la maison où avait résidé l'exposant, dans lesquels des vociférateurs nombreux, à neuf et dix heures du soir, se sont permis des injures et des menaces contre ceux qu'ils désignaient sous les noms de *prétraille* et de séditieux *calotins*;

Que, sur appel, tant de sa part que de celle du ministère public, la cause ayant été portée à la Cour royale, et l'accusé, cité à comparaître le 18 octobre suivant, ayant demandé, par l'organe de son frère, en audience publique, et ensuite par la voix de son défenseur, à huis clos, la remise de la cause, fondé:

1º. sur ce qu'il n'avait reçu la citation que cinq jours d'avance ; 2º. sur ce qu'il n'était pas encore préparé pour sa défense ; 3º. sur ce qu'il avait à rédiger et à faire valoir plusieurs nouveaux moyens de justification récemment acquis par l'arrivée de personnages éminents dans l'ordre ecclésiastique ; 4º. sur ce que son avocat lui-même n'avait pas eu le temps de préparer sa plaidoierie ; 5º. sur le mauvais état de santé où se trouvait alors l'exposant ; 6º. enfin sur une attaque soudaine de maladie attestée par un certificat de médecin produit à la Cour ; ladite remise, contre toute attente, lui a été péremptoirement refusée, quoique ce fût la première qu'il eût demandée ; et par suite, un arrêt par défaut a été rendu, qui condamne l'exposant, malade et absent pour cause insurmontable, à trois mois d'emprisonnement, à 50 francs d'amende, à un an de surveillance sous la haute police, à 200 francs de cautionnement, à la suppression de son ouvrage, et même de son mémoire justificatif, qu'il avait composé dans le style le plus humble et le plus mesuré, pour éclairer ses juges et pour être présenté au Roi, comme il l'a réellement été par le premier gentilhomme de la chambre de sa Majesté ; enfin à tous les frais de procédure, tant devant la Cour royale, que devant le tribunal de première instance ;

Que , sûr de son innocence et convaincu de l'injustice de sa condamnation , il se propose d'éclairer lui-même , conjointement avec son défenseur , la sagesse et la justice de la Cour royale , sur une accusation essentiellement religieuse , puisqu'il s'agit de prétendues alarmes excitées dans les consciences ; sur une accusation captieusement extraite de quelques phrases isolées , et qui se trouvent mot pour mot dans un ouvrage canonique , écrit et publié contre le Concordat par quarante évêques légitimes de l'église gallicane ; sur une accusation qui n'a été prononcée que six mois après que l'écrit prétendu séditieux eut paru , et qu'il eut été présenté par l'exposant au Roi et à la famille royale , à Mgr. le Chancelier de France , à plusieurs magistrats et évêques ; ce qu'il se serait bien gardé de faire sans doute , si ses intentions et son ouvrage eussent été séditieux , et faits pour exciter à désobéir au Roi même , auquel il se glorifiait d'en faire hommage ; enfin sur une accusation dans laquelle le dogme et la morale de la religion catholique sont évidemment compromis , et dont la défense , au moins sous le rapport religieux , doit être faite par l'exposant , qui a l'honneur d'être prêtre et ministre de cette même religion.

Pour quoi ledit abbé Vinson supplie qu'il plaise à la Cour le recevoir opposant à l'exécution dudit arrêt rendu par défaut, le 18 octobre 1816, et ordonner en outre que la cause soit plaidée publiquement, attendu qu'elle n'entraîne avec elle ni scandale pour les mœurs, ni dangers pour la tranquillité publique.

Pour ce qui touche le dispositif de l'arrêt, et les six motifs qui s'y trouvent énoncés, et les articles de la loi d'après lesquels la condamnation de l'exposant est prononcée, il entreprend avec confiance, et il ne lui sera pas difficile d'en démontrer l'invalidité, l'insuffisance et la fausse application.

PREMIÈREMENT, pour ce qui touche les motifs énoncés dans l'arrêt comme delits,

Quant au premier motif portant : « que l'exposant s'est efforcé de verser le blâme et le mépris sur les acquéreurs et possesseurs de domaines dits nationaux, et d'attirer sur eux l'animadversion publique » , l'exposant répond :

1°. Qu'il n'y a rien dans cette phrase qui prouve que l'exposant ait dit ou fait craindre que les susdites propriétés seraient violées.

2°. Que le 364e. article du Code d'instruction criminelle porte que « la Cour prononcera l'absolution de l'accusé, si le fait, dont il est

» déclaré coupable , n'est pas défendu par une
» loi pénale. »

3°. Que, quand bien même l'exposant aurait cherché à verser le blâme et le mépris sur lesdits acquéreurs, ce qu'il nie absolument et avec toute vérité, il n'existe aucune loi pénale qui le défende, pas même la loi du 9 novembre, qui se borne à prohiber *les alarmes touchant l'inviolabilité de la chose*, et non *le blâme touchant la conduite de la personne*.

4°. Qu'il n'est ni vrai, ni juridiquement prouvé que l'exposant ait engagé qui que ce soit à *blâmer* ou à *mépriser* les acquéreurs desdits biens ; mais qu'il s'est contenté de leur adresser, pour leur propre salut, et à l'occasion de cesdits biens, des conseils religieux et des remontrances purement évangéliques que la loi de Dieu commande, et que la loi civile ne défend point et n'a pas le droit de défendre.

Quant au second motif dudit arrêt, portant » que l'exposant qualifie de vol sacrilége et de » pillage la vente desdits domaines ; » l'exposant répond :

1°. Qu'à la page 49 de son ouvrage, où se trouvent ces expressions , *pillage* et *vols sacriléges*, il ne parle nullement de la vente des domaines nationaux; mais qu'il a désigné par-là les désordres, les larcins, les vols, les dilapidations commises dans les églises et les communautés religieuses par les brigands révolutionnaires de 1791 et de 1793, que nul honnête homme ne peut, ni ne veut sans doute justifier.

2°. Que c'est ainsi que l'exposant s'en est expliqué lui-même dans son *Mémoire justificatif*, à la page 34.

3°. Que pendant l'effroyable règne de notre révolution, qui, régicide et *déicide* en quelque sorte, avait assis l'abomination sur l'autel et la révolte sur le trône, il n'a point existé, de même qu'il n'existe pas aujourd'hui, un seul Français catholique et fidèle à son Roi qui n'ait regardé et qui ne regarde encore en ce moment comme un pillage sacrilége, la manière dont les couvents ont été assiégés, envahis, violés et dépouillés de leur mobilier; la manière dont toutes les églises ont été spoliées de leurs ornements, de leurs linges, de leurs tableaux, de leurs richesses et de leurs vases sacrés; que Paris même a vu profaner dans ses rues et sur ses places publiques, par des usages horribles à décrire, et par des athées processionnellement réunis pour la célébration de leurs bacchanales, et de leurs orgies républicaines.

4°. Que tout ce qu'il a dit sur ses injustes spoliations, et sur les propriétés de toute sorte qui en ont été l'objet, n'est point son propre ouvrage, mais un extrait des réclamations canoniques de quarante évêques légitimes de l'Église gallicane, et de leur protestation contre le Concordat, dans laquelle ils disent, pages 165 et 166 : « Aussitôt que le projet de dépouiller l'Église » eut été revêtu d'une apparence de loi, on vit » envahir aussitôt tout ce qui avait été consa- » cré à Dieu, durant une longue suite de siè- » cles, l'usurper, s'en emparer, et en disposer » de la manière la plus arbitraire, avec une » entière indépendance, et sans connaître , » à cet égard , d'autre règle que leur vo- » lonté. »

5. Cette doctrine, à la rentrée de la Cour royale de Paris, vient d'être en quelque sorte sanctionnée par un des oracles de notre magistrature actuelle, dont le nom seul fait l'é- pouvante de l'immoralité , et rappelle toute la gloire et les plus beaux siècles du barreau : « Les lois sont venues au secours des mauvaises » mœurs, *nous dit-il,* sous prétexte de ne pas » heurter l'opinion ; le législateur a mis pres- » que le poison dans le remède : nous étions » avides du BIEN D'AUTRUI , la SPOLATION a eu « SON CODE. »

6°. Que cette doctrine, non seulement est

velle de quarante évêques légitimes de l'Eglise gallicane, réclamant les droits d'icelle, et ceux du Roi contre le Concordat ; mais encore celle du Roi lui-même, qui, dans une proclamation publiée à Vérone, en 1795, lors de son avénement au trône, dit à ses sujets : « L'impiété et » la révolte ont causé tous vos tourments..... » Aussitôt que la constitution monarchique a » été renversée, PROPRIÉTE, sûreté, liberté, » tout a disparu avec elle ; vos biens sont deve- » nus la PATURE DES BRIGANDS, à l'instant où » le trône est devenu la proie des usurpa- » teurs. »

7°. Que cette doctrine est de plus en plus confirmée par une autre proclamation du Roi, publiée neuf ans après celle de Vérone, en 1804, et trois ans après la publication du Concordat, dans laquelle Sa Majesté annonce à ses sujets que le couronnement de Buona- parte, et toutes les lois, et tous les actes faits pendant la révolution, par conséquent le Con- cordat même, y compris l'article 13°., sont tous illégaux et nuls : c'est ainsi que parle Sa Majesté : « En prenant le titre d'empereur, » Buonaparte vient de mettre le sceau à son » usurpation. Ce nouvel acte d'une révolution » où TOUT, dès l'origine, a été NUL, ne peut » sans doute infirmer nos droits..... Après

» avoir, au besoin, renouvelé nos protestations
» contre tous LES ACTES ILLÉGAUX qui, depuis
» l'ouverture des états-généraux de France,
» ont amené la crise affreuse dans laquelle se
» trouvent la France et l'Europe, je déclare....
» je proteste..... » D'où il suit évidemment
que le Roi a protesté contre toutes les lois spo-
liatrices de la révolution, et conséquem-
ment contre le Concordat, qui dépouillait de
leurs droits et de leurs propriétés légitimes
les membres de la maison de Bourbon elle-
même.

8°. Que pendant trois années consécutives, le
tribunal révolutionnaire de Paris et ses dignes
collaborateurs dans les provinces, ont envoyé
chaque jour par milliers à l'échafaud, les personnages les plus opulents et les plus illustres
du royaume; qu'en prononçant l'arrêt injuste
de leur mort, ils prononçaient en même temps
l'injuste confiscation de leur fortune; et que
dans leur langage effroyablement ironique, ils
appelaient FRAPPER MONNAIE, l'action même de
l'instrument qui FRAPPAIT LEURS VICTIMES.

9°. Que, si les sanglantes ombres des Rohan,
des Montmorency, des Mouchy, des Males-
herbes, des riches propriétaires, des financiers
opulents, des magistrats nombreux et vénéra-
bles qui ont ainsi péri, se présentaient tout à

coup devant la Cour royale, toutes les chambres assemblées, et qu'elles lui demandassent :
*Quel nom donnez-vous à la confiscation de
nos biens?* A la vue de ces nobles victimes
égorgées par le crime insatiable de sang et
d'or, il n'est pas un membre de cette Cour,
sans doute, qui, à l'exemple de son illustre
chef et du Roi lui-même, ne s'écriât soudain :
Code de spoliation. — Pature des brigands.

10°. Que des actes illegaux et nuls enfin,
suivant une déclaration du Roi, peuvent bien
ensuite, il est vrai, par une autre déclaration
du Roi, devenir légaux et valides devant les
tribunaux humains; mais qu'il est impossible
que, devant le tribunal de Dieu et de la conscience, ce que le Roi nomme la pature des
brigands, puisse jamais devenir une pâture légitime et sainte; car les magistrats et les législateurs peuvent bien changer à leur gré la
modification accidentelle et légale, mais jamais la nature essentielle et morale des choses.

Quant au troisième motif dudit arrêt, portant : « Que, tout en convenant que la pro-
» priété et l'imperturbable possession desdits
» biens leur sont assurées (aux acquéreurs) par
» la force impérieuse des lois, l'exposant n'en
» cherche pas moins à alarmer leur conscience
» sur cette possession, et qu'en leur en pré-

Appel.   3

» chant la restitution, il ne craint pas de les
» menacer de la puissance céleste ; » l'exposant répond :

1°. Que les juges, dans le considérant de leur arrêt, n'auraient pas dû se borner à dire que l'exposant *convient*, ils auraient dû dire qu'il *proclame*, qu'il *affirme*, de son propre mouvement et sans être interrogé à ce sujet, que la propriété et l'imperturbable possession desdits biens sont assurées aux nouveaux acquéreurs par la force impérieuse des lois ; que, pour n'être pas soupçonnés eux-mêmes d'avoir *affaibli* la garantie qu'il donne auxdits acquéreurs à dessein d'*affaiblir* les preuves de son innocence, les juges auraient dû ajouter, comme l'auteur dans son ouvrage, p. 92 , que lesdites propriétés leur sont de plus assurées (aux acquéreurs) *par les tribunaux, qui en proclameront la légitimité ; par les anciens propriétaires , qui ne veulent ni ne peuvent les réclamer juridiquement ; par les déclarations du Roi ; par les arrêts et les sentences des magistrats ; par la Charte constitutionnelle ; par les sermens solennels du Roi et des princes ; par la force militaire et civile du royaume ; et par tout ce qu'il y a de puissant sur la terre ;* que cela doit suffire, sans doute, pour rassurer les esprits les plus faibles et les plus timorés ; que l'exposant a senti qu'il valait mieux leur parler ainsi pour le maintien de la loi, que de répéter simplement les quatre mots du 9e. article de la Charte constitutionnelle ; et qu'en affaiblissant cette cohorte de garanties légales dont il environne lesdits acquéreurs et leurs propriétés, c'est plaider pour l'accusateur contre l'accusé; c'est violer l'impartialité judiciaire; et, en diminuant, par soustraction ou par omission, les preuves justificatives qui existent dans l'ouvrage de l'accusé, c'est chercher expressément et studieusement un coupable dans la personne d'un innocent.

2°. Qu'en reconnaissant, entre les mains des acquéreurs des biens dits nationaux, l'imperturbable possession et la propriété légale d'iceux, acquis d'abord par une vente ILLÉGALE, a dit le Roi (Procl. du 6 juin 1804), mais légalisée au nom de Sa Majesté, par le 6e. article de la Charte, l'exposant, au nom de la loi, a, pour le maintien de la loi, payé fidèlement son tribut à la loi; et qu'il leur a, par cela même, confirmé toute la force et l'étendue de l'inviolabilité légale que la Charte accorde, et qui s'attache aux propriétés légalement acquises. C'est tout ce que la loi civile peut donner; et l'acquéreur de biens, soit nationaux, soit patrimoniaux, ne saurait en exiger davantage.

3º. Que toutes les garanties de possession, de légitimité, d'inviolabilité que la loi civile et même constitutionnelle attache aux choses de ce monde, n'ont de valeur et de force que pour ce monde; et qu'ainsi l'auteur, ou l'organe des lois humaines, ne donne aux ventes faites par les lois humaines que la garantie des lois humaines; et que par conséquent il ne garantit rien contre les lois de Dieu, ni contre les réclamations de la conscience et de la morale religieuse.

4º. Que souvent un monarque, cédant aux intérêts de la politique; un magistrat, cédant à la lettre impérieuse des lois, établit et maintient comme innocent et juste au for extérieur, ce qu'il voit clairement et reconnaît comme injuste et coupable au for intérieur; et qu'alors le magistrat, tout en maintenant l'injustice commise par la loi, cherche à rendre à la justice éternelle ses droits imprescriptibles, en parlant à la conscience le langage austère et quelquefois menaçant de la morale et de la religion.

5º. Qu'en prenant pour exemple la jurisprudence de la Cour même qui a porté l'arrêt dont il est ici question, et du même président qui l'a prononcé, l'exposant trouve que, dans une audience postérieure de huit jours à celle où il a été jugé , le même magistrat a cru pouvoir et devoir adresser l'exhortation suivante à un accusé qu'il déclarait innocent , quoiqu'il le crût coupable , à ce qu'il paraît ; et le menacer des remords de la conscience et de la vengeance du Tout-Puissant : « Gosset, *lui a-t-il dit*, *le* » 26 *octobre* 1816, la déclaration du jury, » *c'est-à-dire la loi*, vient de vous acquitter... » Maintenant vous avez à reconnaître vous- » même si, par la conduite que vous avez te- » nue, vous n'avez pas eu de grands torts ; vous » avez à examiner dans votre conscience in- » time, si vous n'avez pas quelque chose à » expier : vous saurez un jour, si vous êtes cou- » pable, que le remords peut encore vous pour- » suivre, et que la vengeance toute-puissante » vous attend : allez. » De-là il résulte que le magistrat , armé d'une légitime et salutaire austérité, a cherché lui-même à exciter, dans l'ame du prévenu, des alarmes religieuses tou- chant la justice et la légitimité de son absolu- tion, tout en reconnaissant néanmoins la vali- dité légale de cette même absolution : et qu'ainsi, de l'aveu même de ce magistrat équi- table, la vengeance du Tout-Puissant peut quelquefois trouver coupables ceux que la jus- tice humaine trouve innocents, et peut aussi déclarer illégitimes des propriétés que la loi civile maintient comme légitimes.

6°. Que si, par l'autorité de cette même jurisprudence de la Cour royale, un juge, parlant au nom du prince et des lois de l'Etat, a pu dire à un homme : *Vous vous prétendez innocent, la loi prononce et reconnaît que vous l'êtes en effet : allez, soyez tranquille sur la légalité de votre innocence ; mais examinez cependant dans votre conscience intime, si vous n'aurez pas un compte à rendre, à cet égard, au tribunal de Dieu, où sa vengeance toute puissante vous attend peut-être ;* certes, il semble qu'un prêtre catholique, magistrat de la loi évangélique, peut à bien plus forte raison dire, au nom de Jésus-Christ et de sa morale divine, à des catholiques propriétaires de biens dits nationaux : *La loi du prince légitime vous déclare innocents du crime de spoliations révolutionnaires ; elle reconnaît, elle prononce que vous êtes propriétaires et possesseurs juridiquement inviolables et légitimes desdits biens ; je vous annonce et vous confirme la même chose au nom de la Charte constitutionnelle et de tout ce qu'il y a de puissant dans l'Etat ; allez, soyez tranquilles sur l'inviolabilité et la légitimité légale de vos possessions nouvelles ; mais examinez, dans votre conscience intime, si vous n'avez pas quelque chose à expier, et si vous n'aurez pas un compte à rendre un jour, à cet égard, au tribunal de Dieu, où sa vengeance toute-puissante vous attend peut-être.*

7°. Que menacer de la puissance céleste est du ministère d'un prêtre, comme il appartient aux magistrats de menacer de la puissance des lois ; qu'il n'est point de sermons publiés, ou prononcés du haut de la chaire de vérité, qui ne soient remplis de ces pieuses et salutaires menaces ; que, si de pareilles menaces sont un délit prévu par la loi du 9 novembre, tous les prédicateurs catholiques doivent s'attendre à subir des jugements de police correctionnelle, des amendes plus ou moins considérables, des emprisonnements et des surveillances plus ou moins longues, suivant leur fidélité à remplir les devoirs de leur état, et suivant la morale plus ou moins rigide qu'ils auront prêchée.

8°. Que l'exposant, enfin, en supposant qu'il cherche à obtenir la restitution libre et volontaire de quelque espèce de biens que ce soit, par l'action de la morale sur les consciences, ne viole point en cela les lois de l'État, puisqu'il n'en existe aucune, pas même celle du 9 novembre, qui défende de restituer ou d'engager à restituer ; et qu'en effet, depuis la publication de cette même loi, plusieurs restitutions ont été faites, sans qu'on ait poursuivi, comme séditieuses, ni les personnes qui les ont faites, ni les personnes qui les ont reçues, ni les personnes qui les ont conseillées.

Quant au quatrième motif dudit arrêt, portant : « Que la vente desdits biens a été rati» fiée, confirmée et maintenue par le Concor» dat, qui, à cet égard, fait loi de l'État, et » encore par la volonté du Souverain ACTUEL » et légitime de la France ; » l'exposant répond.

1°. Qu'il a dit et publié lui-même, en termes clairs et positifs, que la vente desdits biens est confirmée, ratifiée et maintenue, non par le Concordat, qui, proscrivant la légitimité, et stipulant la spoliation et la proscription de nos princes, ne peut jamais être loi du royaume aux yeux des Français loyaux et fidèles; mais par la Charte constitutionnelle et par la volonté du Roi, sans laquelle le Concordat n'est rien.

2°. Que, si l'article 13 du Concordat se trouve à peu près conforme à l'article 9 de la Charte constitutionnelle, ce n'est pas, pour cela, le Concordat qui fait loi, puisqu'il ne porte que la signature du pape, qui n'est point le Souverain légitime de la France, et celle de Buonaparte qui l'était encore bien moins; mais c'est la Charte elle-même, qui, revêtue de la signature du Roi légitime, est la seule et véritable loi de l'État, à l'égard des propriétés dites nationales.

3º. Qu'il n'est point juste de dire, comme s'exprime l'arrêt de la Cour, que le Concordat, par lui-même, fasse aujourd'hui loi de l'État, pour le maintien et la confirmation de la vente des biens nationaux. Pour qu'il en fût ainsi, il faudrait que le Souverain légitime, depuis sa restauration, eût, par une ordonnance royale, sanctionné le Concordat, ou du moins l'article 13 en particulier, relatif aux propriétés dites nationales : car, sans la sanction du Roi, cette transaction est radicalement illégitime et nulle. Or, le Roi, non seulement n'a point fait une pareille ordonnance, mais encore Sa Majesté n'exécute aucun des articles du Concordat ; elle fait des actes qui lui sont contraires, elle révendique tous les droits que ce même Concordat lui a ravis, et elle donne à ses sujets, pour sanction, pour maintien, pour garantie desdits bien nationaux entre les mains des nouveaux acquéreurs, non l'article 13 du Concordat, dont elle ne fait aucune mention, mais le 9º. article de la Charte constitutionnelle, qui met expressément lesdites propriétés au rang des propriétés patrimoniales, et leur accorde la même stabilité, la même protection. Ainsi, la loi confirmative et tutélaire de la vente des biens dits nationaux, c'était le Concordat, il est vrai, sous le gouvernement usurpateur du tyran; mais, sous le gouvernement légitime de notre auguste Souverain, c'est la Charte constitutionnelle : voilà la seule loi de l'État qui les mette à couvert de toute attaque.

Quant à la dernière partie du quatrième motif, ainsi conçue : « Et encore par la volonté du Souverain ACTUEL et légitime de la France, » l'exposant répond :

1°. Qu'il n'a point l'intention d'examiner ici quelle est l'opinion de ses sept juges en particulier, touchant la légitimité et les droits de souveraineté de Louis XVIII et des Bourbons sur la France, de peur que son intention ne soit encore accusée comme séditieuse, en vertu de quelque loi nouvelle;

2°. Que, cependant, s'il osait appeler Louis XVIII *Souverain* ACTUEL *de la France*, il se croirait coupable d'un délit grave, et s'en convaincrait ainsi lui-même.

C'est affaiblir le respect dû au Roi et à l'autorité royale, et c'est même lui désobéir, aux termes de la loi du 9 novembre, que d'annoncer aux Français, en parlant de la souveraineté du Roi et de la durée de son règne, une chose con-

tradictoire et tout-à-fait opposée à ce que Sa
Majesté elle-même annonce aux Français. Or,
donner à Louis XVIII, actuellement qu'il est
en France, et après la chute de l'usurpateur,
le nom de *Souverain* ACTUEL *de la France*,
c'est annoncer clairement aux Français que,
pendant le règne de Buonaparte, le Souverain alors actuel était Buonaparte, et que
Louis XVIII, absent de la France, n'était
point le Souverain de la France; tandis qu'au
contraire ce prince, qui n'est rentré en France
que depuis deux ans, date cependant toutes
ses ordonnances et toutes les lois, de la 22ᵉ.
année de son règne : donc, c'est contre-dire le
Roi, affaiblir le respect qui lui est dû, et même
lui désobéir, que de l'appeler le *Souverain*
ACTUEL *de la France*, lorsqu'il s'appelle lui-
même *Souverain de la France*, dans un temps
où il n'était pas *actuellement* en France.

Quant au cinquième motif dudit arrêt, portant : « Que la possession desdits biens est ga-
» rantie par la Charte constitutionnelle, au-
» jourd'hui loi fondamentale du royaume ; et
» que c'est provoquer à la violer et à désobéir
» au Roi, que de chercher à inspirer des craintes,
» même religieuses, sur leur possession. »

L'exposant répond :

1º. Que, pour prononcer en magistrat in-

tègre et juste, et par une sentence irréprochable au tribunal de Dieu et de l'opinion publique, sur la question de savoir si l'exposant
est coupable d'avoir *provoqué qui que ce soit
à violer la Charte*, relativement aux biens nationaux, comme le porte le susdit motif, il ne
faut pas captieusement recueillir, ici et là, des
expressions, des mots, des phrases détachées,
mais aller droit à la page où l'auteur traite, *ex
professo*, du rapport qui se trouve entre la
Charte constitutionnelle et les *propriétés dites
nationales* ; que c'est là qu'on doit chercher
avec impartialité, et qu'on peut trouver avec
vérité sa propre doctrine, conforme ou contraire à la Charte, ses principes loyaux ou
séditieux, enfin son délit ou son innocence.
Que dit-il dans cette page vraiment décisive?
Plus on s'efforce d'en atténuer l'énergique
loyauté en la mutilant, plus il convient de
la mettre et remettre sous les yeux des juges
et du public, au risque de multiplier les répé-
titions fastidieuses ; le voici, page 92 : « Il est
» plus que jamais nécessaire d'annoncer aux
» fidèles abusés, que la propriété légale et l'im-
» perturbable possession des biens dits natio-
» naux leur sont assurées par la voix du légis-
» lateur et la force impérieuse dés lois ; que
» les tribunaux, en tout temps, leur en garan-

» tiront la jouissance paisible et en procla-
» meront la légitimité; que les anciens pro-
» priétaires ne veulent, ne peuvent en faire
» aucune réclamation juridique; et qu'enfin,
» déclarations, arrêts, décrets, sentences,
» CHARTE CONSTITUTIONNELLE, serments so-
» lennels, force militaire et civile, et tout ce
» qu'il y a de puissant sur la terre, les met à
» l'abri des dangers et des craintes de la resti-
» tution. » — Après avoir lu, dans un écrit,
cette déclaration formelle, sans y trouver nulle
part une formelle rétractation, quel homme
impartial et juste pourra donc prononcer à la
face du ciel et de la terre, que l'auteur de cet
écrit est coupable d'avoir *violé* ou *provoqué à
violer la Charte constitutionnelle dans sa
disposition relative aux propriétés nationales?* — S'il s'en trouve un seul qui le prononce, comme exerçant le sacerdoce des lois
humaines, j'ose également prononcer, comme
exerçant le sacerdoce des lois divines, que son
arrêt ne sera point ratifié dans le ciel.

2°. Que, dans l'ouvrage condamné comme
séditieux, il a exprimé d'une manière encore
plus claire et plus énergique, que l'arrêt, cette
inviolable garantie que la Charte constitutionnelle attache aux propriétés dites nationales,
et qu'elle donne à ceux qui les possèdent;

3º. Que, pour que l'exposant fût coupable d'avoir provoqué à violer la Charte et à désobéir au Roi, il faudrait, suivant les expressions même de l'arrêt, qu'il eût cherché à inspirer des craintes religieuses, tendantes à produire un acte contraire aux dispositions de la Charte et à la volonté du Roi : or, les alarmes religieuses que l'exposant est accusé d'avoir, non pas inspirées, mais cherché à inspirer, tendaient à produire, à susciter des actes de restitution, comme il est dit au troisième motif de l'arrêt ; mais des actes de restitution ne sont point défendus, ne sont point prohibés par aucun article de la Charte, ni par la volonté connue du Roi : donc l'exposant n'est point coupable d'avoir provoqué à violer la Charte ni à désobéir au Roi.

4º. Que, depuis la promulgation de la Charte constitutionnelle, et depuis la restauration du Roi, un grand nombre de restitutions ont été faites dans les provinces et publiées dans les journaux, et sanctionnées par les lois, sans que les auteurs de ces restitutions aient été accusés ni de sédition, ni de désobéissance au Roi, ni de violation à la Charte constitutionnelle.

Quant au sixième motif de l'arrêt, portant :
« Qu'il est constant que l'écrit dont il s'agit a

(47)

» été rédigé dans cette intention séditieuse
» [d'exciter à violer la Charte et à désobéir au
» Roi]; qu'elle y est plus particulièrement
» manifestée dans les pages 48, 73, 79, 84,
» 93, 102 et 108; qu'ainsi, ledit sieur abbé
» Vinson s'est rendu coupable du délit prévu
» par les articles 5, 8 et 9 de la loi du 9 no-
» vembre 1815 ; » l'exposant répond :

1°. Qu'il ne paraît point du tout conforme
à la justice, à la sagesse, à la raison même ni
à la stricte équité, de disséquer pour ainsi dire
un écrit, et d'en pressurer les pages et les
phrases isolées pour en extraire un délit d'*intention séditieuse*.

2°. Qu'en usant d'une telle méthode, il n'est
point d'auteur qui fût innocent, point d'ouvrage qui ne parût dangereux, point de livre,
même le plus saint, qui ne pût être condamné;
que, par exemple, il serait possible de trouver
une hérésie dans la première phrase même de
l'oraison dominicale : *Notre père qui êtes aux
cieux....*, en disant, avec l'impie Coryphée de
la philosophie moderne : *C'est une erreur,
Dieu est partout*. Et quant à ces paroles de
l'évangile : *Progenies viperarum, quis de-
monstravit vobis fugere à venturâ irâ..... no-
lite arbitrari quia pacem venerim mittere
in terram : non veni pacem mittere, sed gla-*

dium : veni enim separare hominem adversùs patrem suum ; et filiam adversùs matrem suam ; et nurum adversùs socram suam ; et inimici hominis domestici ejus ..... Ces paroles menaçantes , séparées du livre qui les contient et du caractère de l'Homme-Dieu qui les prononce, ne respirent-elles pas l'invective, la guerre, la discorde et les dissensions domestiques, et ne semblent-elles pas faites pour les allumer' Faut-il donc, d'après leur sens isolé, condamner l'ouvrage comme anti-social, et l'auteur comme séditieux ?

3°. Qu'il semble également contraire aux principes de toute justice, et aux règles de la droite raison, de constituer un délit d'*intention séditieuse*, en recueillant et réunissant, dans le Concordat expliqué au Roi, et à vingt pages les unes des antres, plusieurs phrases détachées, aussi surprises de se trouver ensemble que de recevoir une pareille interprétation ;

4°. Que les indices et la preuve de l'intention loyale ou séditieuse dans laquelle un écrit a été rédigé, doivent se tirer du caractère de l'auteur, de sa conduite politique, de ses opinions même, et de l'esprit et du but de son ouvrage.

5°. Qu'en appliquant cette méthode équitable et sûre, au *Concordat expliqué au Roi*, il est évident que cet ouvrage est une discussion presque entièrement théologique, appuyée sur les réclamations canoniques de quarante prélats légitimes de France, et tendant à prouver, comme ils l'ont fait eux-mêmes, que le Souverain pontife, secondé par Buonaparte, n'a point eu le droit, 1°. de bouleverser, de renverser, de détruire l'Eglise gallicane toute entière de sa propre autorité, sans le consentement des évêques et du légitime Souverain, qui est le protecteur-né et le conservateur de cette même Eglise; 2°. ni d'instituer de nouveaux évêques sur des siéges non vacants; 3°. ni d'exercer aucune puissance sur le temporel de nos rois et sur la propriété de leurs sujets; 4°. ni de délier les Français de leur serment de fidélité à la maison de Bourbon; 5°. ni de proclamer la destitution et la proscription de cette auguste et royale Famille; 6°. ni d'établir en France des prières publiques pour demander au ciel de verser sa bénédiction, ses faveurs et ses grâces sur un gouvernement usurpateur, régicide et tyrannique, au détriment du monarque légitime; 7°. ni de placer sur la tête d'un sujet rebelle la couronne de Saint-Louis, justement et solennellement revendiquée par son légitime héritier : que tel est en effet, d'un bout à l'autre, l'esprit et le

Appel.   4

but du Concordat expliqué ; et que par conséquent, pour tout esprit impartial et juste, tout cela n'annonce nullement, de la part de l'auteur, l'intention séditieuse d'exciter à désobéir au Roi, ni à violer la Charte constitutionnelle.

6°. Que, si l'auteur avait eu l'intention séditieuse, comme le porte l'arrêt, de provoquer à désobéir au Roi et à violer la Charte constitutionnelle, il se serait bien gardé de mettre sous les yeux de Sa Majesté le premier exemplaire de son ouvrage ; il ne se serait point empressé de le présenter aux princes du sang, aux évêques, à monseigneur le chancelier, au chef de la magistrature, aux ministres, aux grands du royaume, à tous ceux enfin qui étaient les plus propres à découvrir, à dénoncer, à poursuivre ses perfides intentions, et les moins susceptibles de les partager : et de plus, que, si la séditieuse intention de provoquer à désobéir au Roi et à violer la Charte, eût été aussi constante et aussi claire que l'annonce le sixième motif de l'arrêt, sans doute il n'aurait pas fallu plusieurs mois à M. le Procureur du Roi, ni à M. le Ministre de la police, pour découvrir cette perfidie ; et l'ouvrage eût été arrêté dès les premiers jours de sa publication : et cependant près de six mois se sont écoulés avant de s'apercevoir que l'auteur avait une intention séditieuse, et que son ouvrage provoquait à violer la Charte et à désobéir au Roi.

7°. Que, pour rendre enfin sa justification aussi évidente que complète, l'exposant supplie les juges de relire avec une attention plus scrupuleuse, et avec l'impartialité caractéristique des vrais magistrats, les sept pages dénoncées, 48, 73, 79, 84, 93, 102 et 108 ; et que chacun d'eux se convaincra dès lors que l'auteur y parle maintes et maintes fois du Roi, pour défendre ses droits sacrés, et une seule fois de la Charte constitutionnelle, pour en faire comme le *Palladium*, et l'invincible rempart des propriétés dites nationales : bientôt leur justice mieux éclairée s'empressera de conclure et de prononcer que non seulement il n'est pas vrai, mais qu'il est même invraisemblable, qu'en établissant de pareils principes, le prêtre, qui s'est condamné volontairement à 25 ans d'exil par fidélité, par amour, par obéissance pour son Roi ; ait jamais voulu exciter ses compatriotes à désobéir au Roi ; et que, par conséquent, l'exposant n'est en aucune manière, ni par aucun des motifs rapportés dans le considérant du susdit arrêt, coupable du délit dont il est accusé.

Secondement, en ce qui touche les articles de la loi du 9 novembre 1815, cités dans l'arrêt, et sur lesquels est fondée la condamnation de l'exposant, il ne lui sera pas moins facile de prouver que ces mêmes articles lui ont été mal à propos et faussement appliqués.

1°. Quant à l'article 5 de ladite loi, rapporté et ainsi conçu dans l'arrêt : « Sont déclarés » séditieux tous écrits imprimés à l'aide des- » quels on aura excité à désobéir au Roi et à » la Charte constitutionnelle ; » l'exposant répond : que l'esprit et la lettre même de l'article sont essentiellement altérés dans l'extrait qu'on en a fait, et qu'ils ont, par-là, reçu une teinte favorable à l'accusateur et très funeste à l'accusé.

« Qu'en restituant audit article toute son étendue, il est ainsi conçu dans la loi : « Sont » déclarés séditieux tous cris, tous discours » proférés dans des lieux publics, ou destinés » à des réunions de citoyens, tous écrits impri- » més, même tous ceux qui, n'ayant pas été » imprimés, auraient été ou affichés, ou ven- » dus, ou distribués, ou livrés à l'impression, » toutes les fois que, par ces cris, ces discours » ou ces écrits, on aura tenté d'affaiblir, par » des calomnies ou des injures, le respect dû » à la personne ou à l'autorité du Roi, ou à

» la personne des membres de sa famille, ou
» que l'on aura invoqué le nom de l'usurpateur,
» ou d'un individu de sa famille, ou de tout
» autre chef de rebellion ; toutes les fois encore
» que l'on aura, à l'aide de ces cris, de ces
» discours ou de ces écrits, excité à désobéir
» au Roi et à la Charte constitutionnelle. »

Qu'en écartant et supprimant, dans la disposition de cet article, tout ce qui appartient aux discours et aux cris séditieux, et en ne réservant que ce qui se rapporte aux écrits imprimés, comme on a prétendu le faire dans l'arrêt, ledit article, pour être rapporté fidèlement, doit l'être en ces termes : « Sont déclarés séditieux...... tous écrits imprimés......
» toutes les fois que.... par ces écrits on aura
» tenté d'affaiblir, par des calomnies ou des
» injures, le respect dû à la personne ou à
» l'autorité du Roi..... ou..... excité à désobéir
» au Roi et à la Charte constitutionnelle. »

Que la cause productive, essentielle et malicieuse du délit, se trouve manifestement énoncée dans ces mots : *des calomnies ou des injures.*

Que ces expressions caractéristiques du délit, par mille raisons qu'il serait inutile et peut-être dangereux d'exposer ici, n'auraient point dû être soustraites de cet article accusateur, ni supprimées d'un fragment de loi sur lequel des juges vont établir et fonder une condamnation.

Qu'il est impossible de trouver, dans les écrits de l'exposant, ni des *calomnies* ni des *injures* contre Sa Majesté, ni aucune provocation à la désobéissance par ces moyens infâmes, ni par quelqu'autre que ce soit ; et que, par conséquent, cet article 5 de ladite loi ne saurait être justement appliqué ni à l'ouvrage, ni aux intentions toujours loyales de l'exposant, qui n'a jamais parlé du Roi que pour défendre ses droits, ni de la Charte que pour enseigner à lui obéir. (*Conc. expl. p.* 92.)

2°. Quant à l'article 8 de la même loi, qui se trouve ainsi conçu dans l'arrêt : « Sont cou- » pables d'actes séditieux toutes personnes qui » répandraient ou accréditeraient des alarmes » touchant l'inviolabilité des propriétés qu'on » appelle nationales ; » l'exposant répond :

Que l'esprit et la lettre de cet article 8 sont également altérés l'un et l'autre comme ceux de l'article 5 ; et que cette altération faite, non pas, sans doute, à mauvais dessein, mais par inattention, par hasard, par négligence, se trouve être encore très favorable à l'accusateur et très funeste à l'accusé.

Que tel est le texte précis de cet article :
« Sont coupables d'actes séditieux toutes per-
» sonnes qui répandraient ou accréditeraient,
» soit des alarmes touchant l'inviolabilité des
» propriétés qu'on appelle nationales, soit des
» bruits d'un prétendu rétablissement des dî-
» mes ou des droits féodaux, soit des nou-
» velles tendant à alarmer les citoyens sur le
» maintien de l'autorité légitime, et à ébranler
» leur fidélité. »

Que, dans l'extrait de cet article 8, tel qu'il
est conçu dans l'arrêt, la suppression de la
conjonction soit, qui précède le mot ALARMES,
n'est peut-être pas malveillante, mais qu'elle
est assurément très malfaisante et très nuisible
à l'intelligence exacte de la loi; car il est évident que cette conjonction sert à lier ensemble,
et à ranger, dans la même cathégorie, les
biens nationaux, les *dîmes*, les *droits féodaux* et l'*autorité légitime*, en les mettant
sous la même sauve – garde, celle de la loi civile.

Que l'esprit et le but de cet article 8 sont évidemment dirigés contre les personnes qui, atta-
quant la loi civile par leurs discours ou leurs
écrits, feraient craindre que les propriétés nationales seront un jour violées, ou que les
dîmes et les droits féodaux seront un jour ré-

tablis, ou que l'autorité légitime ne se sou-
tiendra point en France, et qu'elle sera un
jour renversée ; et qu'ainsi, il n'est clairement
ici question que de craintes, de défiances et
d'alarmes politiques qui tiennent les esprits
inquiets sur la stabilité des lois et du gouvernement.

Que l'exposant, dans son écrit, loin d'inspirer de semblables craintes, met les biens
dits nationaux sous la garantie de la loi fondamentale du royaume, et s'efforce de rassurer
les nouveaux propriétaires contre toute possibilité de violation ou d'expropriation.

Que personne, en effet, ne peut attester que
l'exposant lui ait inspiré des alarmes ou des
doutes sur la stabilité du gouvernement ou des
propriétés dites nationales, et sur le rétablissement des dîmes ou des droits féodaux.

Que, par conséquent, ni l'esprit, ni la lettre, ni les dispositions pénales de la loi du 9
novembre, ne peuvent ni ne doivent être dirigés contre l'exposant, ni contre son écrit,
presque entièrement théologique et religieux.

3°. Quant à l'article 9 de la même loi, ainsi
conçu dans l'arrêt : « Les écrits mentionnés
» dans l'article 5 de la présente loi, soit qu'ils
» ne contiennent que des provocations indi-

» rectes aux délits mentionnés aux articles 5 et
» 8 de la présente loi , » l'exposant répond :

Que, pour être rangé dans la classe des écrits
mentionnés à l'article 5 , un ouvrage doit
contenir *des calomnies* ou *des injures* ; c'est
là son caractère distinctif : et comme rien de
semblable ne se trouve dans l'écrit publié par
l'exposant , et qu'en outre il n'a provoqué ni
directement ni indirectement à désobéir au
Roi ni à la Charte (puisqu'une restitution volontaire, comme on l'a déjà dit, et faite dans
des sentiments religieux , n'est une désobéissance ni au Roi ni à la Charte), il s'ensuit
que ni l'écrit intitulé : *le Concordat expliqué
au Roi*, ni son auteur , ne doivent être soumis à l'application de l'article 9 de ladite loi
du 9 novembre.

Quant au dispositif de l'arrêt , touchant le
Mémoire justificatif de l'exposant , ainsi conçu : « Donne acte au Procureur du Roi de la
» production par lui faite du *Mémoire justifi-*
» *catif* de l'abbé Vinson, commençant par ces
» mots : *Sire , le divin Sauveur du monde......,*
» finissant par : *quelqu'outrage pour le nom de*
» *Jésus* ; et de son interrogatoire, à fin de sup-
» pression dudit *Mémoire* ; en conséquence,
» supprime ledit *Mémoire* comme également
» séditieux ; » l'exposant répond :

Qu'il ne comprend point ce que signifient ces mots: *Et de son interrogatoire, à fin de suppression dudit Mémoire*, puisqu'en effet lui-même n'a jamais été interrogé ni entendu sur son *Mémoire*; et que, n'ayant pu se présenter à l'audience, il ignore si M. l'Avocat-général Hua, portant la parole contre lui, a pu être interrogé, et l'a réellement été.

Qu'il a toujours été permis à des accusés, dans tous les cas, dans tous les pays, et devant tous les tribunaux, de produire leur justification, soit verbalement, soit par écrit.

Qu'il serait tout à la fois injuste et tyrannique de leur interdire la publication des moyens justificatifs qui peuvent éclairer la sagesse des magistrats et le tribunal de l'opinion publique.

Qu'il existe encore à Paris un respectable et savant magistrat qui, calomnieusement accusé en 1803, détenu au secret pendant 3 mois, et pendant 16 mois dans les prisons, a eu le courage de publier deux volumes de *Mémoires justificatifs*; que les juges de l'usurpateur, devant lesquels il plaidait sa cause, ont respecté, dans sa personne, le droit sacré d'employer, pour sa défense, toutes les ressources de son talent et de son éloquence hardie et vigoureuse; qu'il était dans les fers du tyran, mais que sa plume était libre et son génie sans entraves; et que si les juges destinés à prononcer sur son sort eussent, comme ceux de l'exposant, supprimé ses *Mémoires justificatifs*, cette innocente et loyale victime aurait infailliblement péri sur l'échafaud avec beaucoup d'autres co-accusés.

Qu'il est incroyable qu'une faculté accordée à des prévenus, devant les tribunaux et les magistrats de Buonaparte, puisse être refusée à l'exposant, devant les tribunaux et les magistrats du Souverain légitime, à moins que l'injustice ne parvienne à pénétrer dans des cœurs jusqu'alors inaccessibles à ses ordres, à ses ruses, à ses séductions.

Que le *Mémoire justificatif* de l'abbé Vinson est écrit dans le style le plus humble, le plus respectueux et le plus mesuré; et que l'auteur emploie presque partout le langage et l'autorité de l'Évangile et de la doctrine des évêques légitimes de France.

Et qu'enfin si un semblable écrit est réellement condamnable et condamné comme séditieux, par la Cour royale, l'exposant a lieu de craindre qu'en se présentant et défendant lui-même sa cause et celle de la Religion, il n'aggrave son délit aux yeux des juges, et que chaque parole ne soit considérée et punie comme un acte de sédition.

Troisièmement, enfin, pour ce qui touche le Concordat en particulier, et les alarmes qu'on accuse l'exposant d'avoir répandues, et qui sont comme la matière essentielle du délit, l'exposant parviendra facilement à s'en justifier aux yeux de tout homme impartial, par les considérations suivantes :

Attendu que l'exposant n'est point coupable d'avoir violé le Concordat, puisqu'en effet la Charte constitutionnelle rejette, annulle implicitement et abolit ce même Concordat par le 58e. article de cette même Charte, ainsi conçu : « *Le Code civil, et les lois actuellement* » *existantes, qui ne sont pas contraires à la* » *présente Charte, restent en vigueur jus-* » *qu'à ce qu'il y soit légalement dérogé :* » d'où il suit clairement que *toutes les lois contraires à la présente Charte*, ne restent point en vigueur et sont abolies. Or, le Concordat est évidemment contraire à la Charte constitutionnelle ; car tous les articles de la Charte, et notamment les articles 13, 14, 16, 22, 30, 31, 50, 57, enfin la Charte toute entière, proclame les droits sacrés du Roi, rétablit en

France la légitimité , détruit le règne de l'u-
surpateur , et rend aux Bourbons le trône de
leurs ancêtres : au contraire , tous les articles
du Concordat, et notamment les articles 2 , 4 ,
5 , 6 , 7 , 8 , 9 , 10 , 11 , 16 , enfin le Concordat
tout entier , proclame le triomphe de l'illégitimité , établit en France la puissance tyrannique de l'usurpateur , détruit les droits du
Souverain légitime, délie ses sujets de leur serment de fidélité , et proscrit la maison de Bourbon : donc, le Concordat est évidemment contraire à la Charte constitutionnelle ; et, comme
tel , il est nécessairement aboli par le 58e. article de cette même Charte , et ne peut pas être
considéré comme loi du royaume. Comment
se pourrait-il donc que des magistrats invo-
quassent cette prétendue loi de l'Etat , et ju-
geassent, qui que ce soit , coupable d'un délit
d'après cette loi ?

Attendu que l'exposant, toujours invariable
dans sa fidélité au Souverain légitime, s'il avait
le malheur d'engager qui que ce soit à exécuter et à suivre le Concordat comme loi de
l'Etat , se croirait véritablement séditieux ,
aux termes mêmes de la loi du 9 novembre ,
et se convaincrait lui-même de son crime , en
disant : *Ceux-là sont séditieux , d'après les
différents articles de cette loi , qui* PRO-

VOQUENT AU RENVERSEMENT DU GOUVERNE-
MENT , *ou* AU CHANGEMENT DE SUCCESSIBILITÉ
AU TRÔNE , *ou* A DÉSOBÉIR AU ROI, *ou* QUI IN-
VOQUENT LE NOM DE L'USURPATEUR (*article* 1
et 5). *Or le Concordat , non seulement* IN-
VOQUE LE NOM DE L'USURPATEUR , *mais il le
proclame comme souverain légitime* (*article*
4) ; *non seulement il* PROVOQUE AU REN-
VERSEMENT DU GOUVERNEMENT , AU CHANGE-
MENT DE SUCCESSIBILITÉ AU TRÔNE , *mais encore il les établit, il les maintient* (*article* 16
et 17); *et par un serment solennel* (*article* 6
et 7), *il oblige les Français d'*OBÉIR , NON PAS
AU ROI , *mais à l'ennemi du Roi , qui a usurpé son trône : donc, l'exposant serait lui-
même coupable de sédition , aux termes de
ladite loi du* 9 *novembre , s'il excitait , s'il en-
gageait qui que ce soit à exécuter le Concordat et à le prendre pour règle de conduite
et d'opinion.*

Attendu que l'exposant n'a point violé le
9e. article de la Charte constitutionnelle , ainsi
conçu : « Toutes les propriétés sont inviolables,
» sans aucune exception de celles qu'on ap-
» pelle nationales, la loi ne mettant aucune
» différence entre elles, » puisqu'en effet ,
dans son ouvrage, il s'est exprimé, au nom
de la loi, en faveur de l'inviolabilité desdites

propriétés, d'une manière encore plus claire,
plus forte , plus explicite que la Charte elle-
même, en disant page 92 : « Que la propriété
» légale et l'imperturbable possession des
» biens dits nationaux sont assurées aux nou-
» veaux acquéreurs par le soin du législateur
» et la force impérieuse des lois ; que les tri-
» bunaux, en tout temps, leur en garantiront la
» jouissance paisible et en proclameront la
» légitimité ; que les anciens propriétaires ne
» veulent , ne peuvent en faire aucune récla-
» mation juridique ; et qu'enfin déclarations ,
» arrêts , décrets , sentences , *Charte cons-*
» *titutionnelle* , serments solennels , force mi-
» litaire et civile , et tout ce qu'il y a de puis-
» sant sur la terre, les met à l'abri des dangers
» et des craintes de la restitution. »

Attendu que cette déclaration claire, précise
et solennelle de l'exposant, à l'égard des propriétés dites nationales, ne souffre aucun équivoque et proclame leur inviolabilité, suivant
la loi qui ne met aucune différence entre elles
et les propriétés dites patrimoniales, c'est-à-dire,
suivant la loi civile, la loi de l'État, la loi du
prince auguste qui donne une Charte constitutionnelle à ses sujets ; et qui, en la leur don-
nant, n'a point prétendu donner une loi religieuse, ni exercer aucune juridiction sur les

consciences; mais qui, au contraire, par l'article 6 de cette même Charte, a laissé aux évêques et aux prêtres catholiques l'exécution de la loi divine, la prédication de la morale évangélique, la juridiction du for intérieur et la libre administration des consciences ;

Attendu que les propriétaires des biens nationaux ne sont point effectivement dans une situation plus avantageuse, et ne peuvent point exiger du prince une garantie plus respectable et plus forte que celle qui est accordée aux propriétaires des biens patrimoniaux ;

Attendu que la loi du prince n'accorde aux biens patrimoniaux d'autre protection, d'autre garantie que celle d'une légitimité légale, maintenue par la puissance des lois humaines; et non celle d'une légitimité religieuse, maintenue par la puissance des lois divines;

Attendu que les incrédules, les matérialistes, les athées, ne connaissant ici-bas qu'une législation, celle des hommes, n'éprouvent à la vérité qu'une espèce de crainte, celle des peines afflictives, la prison, les galères, l'échafaud; que c'est par cette seule crainte qu'ils se conduisent; et que, pourvu que leurs actions échappent à ces châtiments, c'en est assez pour eux. De-là vient qu'un sage a dit: *Je ne confierais pas ma bourse à un athée*; et cependant, ô honte! ô malheur! il fut un temps où la France leur confia ses destinées ;

Attendu qu'au contraire l'homme religieux et catholique, convaincu de l'existence d'un Dieu créateur et rémunérateur, sait qu'il porte dans son corps mortel une ame immortelle ; et qu'ainsi, composé de deux substances, corporelle et spirituelle, destiné à vivre deux vies, la vie présente et la vie future, et né pour obéir à deux maîtres, son Roi sur la terre, et son Dieu dans le ciel, il reconnaît deux législations, deux espèces de lois, celles de l'État et celles de la religion ;

Attendu que la qualité exprimée par le mot LÉGITIME, suivant sa signification étymologique et l'interprétation des jurisconsultes, appartient à tout ce qui renferme les attributs et les conditions voulues par la loi ; et qu'ainsi, des deux espèces de lois, ci-dessus mentionnées, il découle nécessairement, et surtout d'après les principes de la religion catholique, deux espèces de légitimité; l'une, qu'on peut appeler légitimité civile ou légale, par sa conformité aux lois de l'État; et l'autre, légitimité religieuse ou morale, par sa conformité aux lois de la religion et de la morale évangélique ;

Attendu que les magistrats, administrateurs et organes de la loi civile, et qui sont quelquefois, par les pères même de l'Église , appelés les évêques du dehors, prononcent sur tout ce qui appartient à cette première légitimité, et qu'au contraire la décision de tout ce qui a rapport à la seconde, appartient nécessairement aux prêtres, magistrats de la conscience, évêques du for intérieur et ministres de la loi divine ;

Attendu que ces deux espèces de lois sont quelquefois en contradiction l'une avec l'autre ; qu'un acte alors, légitime au tribunal des lois civiles, est essentiellement illégitime au tribunal de la morale évangélique; et que par conséquent le langage et la décision du prêtre catholique, parlant à la conscience des fidèles, doivent être nécessairement contraires au langage et à la décision du magistrat civil, parlant à l'obéissance extérieure de ses concitoyens;

Attendu que, par exemple, un serviteur fidèle, recourant à la justice des tribunaux, demande à son maître le prix de ses services qu'il n'a point reçu depuis dix ans; qu'alors, d'après la loi de la prescription , le magistrat prononce que le maître n'est tenu qu'à payer le prix d'une année; que, dans le même temps, le prêtre catholique prononce que le maître est tenu de payer à son serviteur le prix des dix années de services, et qu'il lui dit alors : *Le*

*magistrat, il est vrai, par sentence conforme à
la loi civile, vous déclare propriétaire inviolable et légitime de la somme que votre serviteur ne peut vous forcer de payer; mais je
vous déclare, au nom de la morale et des
lois évangéliques, que cette propriété est illégitime entre vos mains, aux yeux de Dieu,
et qu'au tribunal de la justice éternelle vous
entendrez une sentence contraire à celle du
magistrat qui, fidèle à la loi civile, vient de
sanctionner une pareille illégitimité ;*

Attendu que l'exposant n'a point répandu,
ni accrédité, aux termes de la loi du 9 novembre, des alarmes touchant l'inviolabilité des
propriétés dites nationales; car, pour que les
susdites alarmes aient été répandues et qu'elles constituent un délit, il faut au moins qu'il
soit prouvé qu'elles existent, non pas en possibilité ou en probabilité, mais en réalité, dans
la conscience d'un ou de plusieurs acquéreurs
desdits biens; car il ne suffit pas, aux termes
de la loi, article 8, que l'ouvrage de l'exposant
ait pu répandre des alarmes, il faut qu'elles
aient été réellement répandues : *Sont coupables d'actes séditieux,* dit la loi, *toutes personnes qui répandraient ou accréditeraient
des alarmes touchant l'inviolabilité des propriétés qu'on appelle nationales,* et non pas

5..

toutes personnes ou tous écrits qui *pourraient* en *répandre* ou en *accréditer*;

Attendu qu'en effet, considérer et punir comme un délit la publication d'un ouvrage qui a pu répandre des alarmes, c'est punir la possibilité d'un délit, puisque le délit est dans l'alarme; c'est juger qu'un auteur est coupable d'avoir pu être coupable; et c'est rappeler, en quelque sorte, les accusations et les condamnations prononcées par les magistrats révolutionnaires contre les malheureux *suspectés d'être suspects*;

Attendu que l'existence des susdites alarmes n'a été jusqu'ici prouvée par aucun témoignage, par aucun fait légalement certifié, et que, par conséquent, l'exposant ne peut pas être accusé de les avoir répandues;

Attendu qu'il est de plus en plus démontré que l'exposant n'est point coupable d'avoir répandu ou accrédité des alarmes touchant l'inviolabilité des propriétés qu'on appelle nationales, telles qu'elles sont exprimées dans l'article 8, ainsi conçu : « Sont coupables d'actes » séditieux toutes personnes qui répandraient » ou accréditeraient soit des alarmes touchant » l'inviolabilité des propriétés qu'on appelle » nationales, soit des bruits d'un prétendu ré- » tablissement des dîmes ou des droits féo-

» daux , soit des nouvelles tendant à alarmer
» les citoyens sur le maintien de l'autorité lé-
» gitime , et à ébranler leur fidélité. » Or, l'esprit et la disposition de cet article , comme
l'exposant l'a déjà dit et prouvé, ne sont-ils
pas évidemment d'empêcher qu'on ébranle la
confiance des citoyens sur le maintien et la so-
lidité des lois relatives aux droits féodaux, aux
dîmes et aux propriétés dites nationales ? Le
but du législateur n'est-il pas d'empêcher
qu'on inquiète ou qu'on agite les esprits en
disant publiquement, ou en cherchant à faire
croire que les propriétés dites nationales sont
incertainement et précairement possédées par
les acquéreurs ? Qu'elles sont violables, ou seront un jour violées ? Que les dîmes et les
droits féodaux seront également rétablis ? Et
que la puissance du gouvernement n'est point
solidement fondée ? — Tels sont les délits prévus par la loi du 9 novembre, et qui, ayant
pour objet l'inviolabilité des propriétés, ne se
rapportent nécessairement qu'à la loi civile.
Or l'exposant n'a ni écrit, ni parlé contre la
loi civile, ni fait croire qu'elle ne serait pas
maintenue ; il n'a point écrit, il n'a point publié que les propriétés dites nationales pussent
jamais, ni dussent être violées, ni qu'elles fussent possédées par les nouveaux acquéreurs

d'une manière précaire et incertaine ; il a au contraire assuré que tout concourait en France à mettre ces acquéreurs *à couvert des dangers et des craintes* de la restitution : donc l'exposant n'a point répandu ni accrédité d'alarmes sur l'inviolabilité de ces mêmes propriétés ;

Attendu que la loi du 9 novembre, qui défend de répandre ou d'accréditer des alarmes touchant l'inviolabilité des propriétés dites nationales, n'a point prétendu parler des alarmes religieuses qui ne sont point de son ressort, puisqu'elles appartiennent au salut des ames et au bonheur de l'autre vie ; mais des alarmes politiques qui intéressent l'ordre et la tranquillité publique de ce monde, et qui sont de son ressort ;

Attendu que cette même loi civile n'a pu, dans ses dispositions, exercer sa puissance prohibitive que sur des alarmes appartenantes au for extérieur, et non sur celles qui ressortissent au for intérieur ;

Attendu que, sous le gouvernement même de l'usurpateur Buonaparte, aucune loi prohibitive des alarmes tout à la fois politiques et religieuses n'a été rendue, et qu'à quelqu'excès que soit parvenue son impiété tyrannique, elle n'a pas osé pourtant aller jusque-là ;

Attendu que dans la supposition même où il y aurait lieu de douter si le législateur a prétendu comprendre ou non, dans le mot générique d'ALARMES, les alarmes religieuses, ce doute doit s'expliquer en faveur du prévenu, comme le porte expressément l'article 347 du Code d'instruction criminelle, et que par conséquent les alarmes religieuses n'y doivent point être comprises ;

Attendu que, les alarmes religieuses n'étant pas comprises dans la loi, il s'ensuit que les actes dont l'exposant est accusé de s'être rendu coupable, par ces mêmes alarmes, ne sont point un délit prévu par ladite loi du 9 novembre, ni par aucune autre ;

Attendu que les consciences des fidèles catholiques sont un domaine soumis à la juridiction et à la puissance des prêtres, ministres de l'Évangile, et non point à celle des magistrats, ministres de la loi du prince ;

Attendu que, si le royaume de Jésus-Christ n'est pas de ce monde, les rois de ce monde n'ont, à leur tour, aucune puissance dans le royaume de Jésus-Christ ; et qu'ainsi les magistrats, les ministres de ces différents souverains peuvent et doivent agir indépendamment les uns des autres, sans s'immiscer réciproquement dans leurs fonctions diverses , suivant le royaume différent pour lequel ils travaillent ;

Attendu que ce serait une mesure souverainement funeste, injuste, impolitique, que d'enlever à la religion catholique, et d'arracher des mains des prêtres l'arme des craintes religieuses; cette arme toute spirituelle, si puissante contre le vice, si nécessaire pour le maintien des bonnes mœurs et même des empires, pour l'asservissement des passions, pour le gouvernement des opinions, des sentiments, des actes intérieurs que la loi civile ne peut atteindre, et qui font ordinairement les bons ou les mauvais citoyens ;

Attendu que ces prêtres catholiques, par cela même qu'ils sont consacrés ministres des autels, sont tenus d'enseigner aux hommes la loi de Dieu, sa doctrine évangélique, les principes de la justice éternelle, et tout ce qui peut conduire au salut des ames ;

Attendu que non seulement cette obligation leur est imposée par l'Eglise, mais qu'encore le droit leur en est acquis et assuré par le 6e. article de la Charte constitutionnelle, ainsi conçu : « La religion catholique, apostolique et » romaine est la religion de l'Etat ; »

Attendu que la protection et la liberté accordées et solennellement garanties à la religion catholique, ne seraient qu'illusoires et trompeuses, s'il n'était pas permis aux ministres de cette même religion d'en prêcher publiquement la doctrine et la morale; ou s'ils étaient forcés de changer, d'altérer, de modifier cette même doctrine et cette même morale, suivant les dispositions si variables des lois politiques et de la volonté des législateurs;

Attendu que les lois civiles et politiques maintiennent souvent des injustices que les lois de la religion et de la morale ne maintiennent jamais, et qu'au contraire elles condamnent et réprouvent : qu'ainsi un acte, comme on l'a déjà prouvé, peut être considéré comme légitime et valide au for extérieur, tandis qu'il est déclaré illégitime et invalide au for intérieur; et qu'on en peut voir maints exemples dans le célèbre jurisconsulte Pothier, au chapitre des *Obligations*; dans le Code civil, au chapitre des *Prescriptions*; et dans ce même Code, dit Napoléon, au chapitre du *Mariage*;

Attendu qu'en effet un prêtre catholique peut et doit dire à deux époux catholiques, au sortir de la commune où ils ont été mariés par l'officier civil, suivant toutes les formalités prescrites au troisième chapitre, titre II, du Code dit Napoléon : *On vous a dit, au nom de la loi civile, que vous êtes unis par le ma-*

riage; — et moi, je vous déclare au nom de l'Eglise de Jésus-Christ et du saint concile de Trente, qu'il manque à votre alliance le caractère sanctifiant d'une cérémonie prescrite par les saints canons (1) ;

---

(1) Les inconvénients qui naissent des mariages civils, autorisés par les lois nouvelles, sont innombrables, surtout dans les états catholiques. En attendant que notre législation y remédie, en ramenant cet acte civil et religieux à ses anciennes formes, on peut mettre sous les yeux du lecteur l'ordonnance du roi de Sardaigne à ce sujet. S. M. a senti la gravité de ces inconvénients, et a cherché les moyens d'y remédier par les dispositions suivantes :

« S. M. s'étant, pendant son séjour en Savoie, plus spécialement occupée des besoins et des intérêts de ses bien-aimés sujets de ce duché, sa sollicitude paternelle pour leur bonheur lui a fait remarquer avec peine les graves inconvénients qui résultent de l'existence des différentes espèces de mariages autorisés par les diverses législations qui s'y sont succédées depuis 1792, et des suites désastreuses que pourraient avoir les contestations déjà élevées ou qui pourraient s'élever par la suite sur les effets civils de ces mariages, ainsi que sur la légitimité et les droits des enfants issus d'eux. S. M. voulant en conséquence, d'un côté faire disparaître le scandale naissant des unions improuvées par la religion et les lois royales, et d'autre part statuer sur leur validité et les effets qu'elles ont pu produire jusqu'ici, ainsi que sur le sort des enfants qui en sont nés, tranchant ainsi sur le cours de toutes les contestations énoncées, et replaçant les unions conjugales sur les bases légales sur lesquelles elles doivent être assises pour de-

Attendu qu'un prêtre catholique peut et doit dire à l'homme qui, ayant détruit frauduleusement le titre légal d'une dette contractée, est maintenu, par la loi, dans le droit d'en refuser le paiement : *La loi vous autorise, il est*

---

venir la garantie de l'état civil de ses sujets, et la source des bonnes mœurs, elle a mûrement examiné les cas auxquels on pourrait, dès-à-présent, appliquer des dispositions législatives générales, et s'est déterminée à pourvoir promptement à cet objet important. A ces fins, elle a donné, par patentes royales du 25 du courant, les dispositions suivantes, qu'elle a chargé le sénat de rendre publiques :

« Art. Ier. Les enfants issus des mariages contractés dans le duché de Savoie, pendant tout le temps que les époux ne pouvaient se présenter à l'église pour y célébrer leur union, suivant les lois ecclésiastiques, sont censés légitimes, à la charge néanmoins de fournir, par titres ou par témoins, la preuve de la possession d'état de leurs père et mère, et d'être nés de leur mariage. En cas que les père et mère, ou l'un d'eux, soient encore vivants, la preuve susdite devra être faite contradictoirement avec eux.

» II. Les enfants nés des mariages contractés seulement devant l'église sont également censés légitimes, sans préjudice cependant des droits acquis aux biens, soit par l'effet des lois, soit par suite de conventions ou de jugements passés en force de chose jugée antérieurement à la remise en vigueur des royales constitutions.

» III. Sont même réputés légitimes les enfants nés avant la publication du présent manifeste, des mariages contractés seulement selon les règles et d'après les formes établies par les lois civiles.

vrai, à garder le bien d'autrui; et moi, je vous déclare que la loi de l'Evangile vous ordonne de le restituer, et de vous acquitter envers votre créancier, sous peine d'en rendre compte dans l'autre vie, au tribunal de Dieu;

Attendu qu'un prêtre catholique peut et doit dire au possesseur d'une terre acquise, non par achat, succession, donation ou échange, mais par prescription ou par une fraude

---

» IV. Les mariages contractés seulement selon les formes civiles cesseront, au 1er. janvier 1817, de produire aucun effet civil, si à ladite époque les conjoints ne les ont pas célébrés aussi selon les lois actuellement en vigueur. S. M. invite en conséquence tous ceux qui se trouveraient dans le cas du présent article, à satisfaire aux lois ecclésiastiques, et déclare que ceux de ces conjoints qui ne se rendront pas dans le terme susdit à cette invitation, seront incapables de toute charge ou fonction publique quelconque, ainsi que de tous avantages matrimoniaux ou de donation et legs entre eux. Le conjoint qui s'y refusera sera au surplus tenu à payer à l'autre telle indemnité que le sénat lui adjugera, eu égard à toutes les circonstances.

» V. S. M. se réserve de pourvoir par des commissions particulières, à l'égard des autres mariages qui pourraient présenter des circonstances spéciales, non comprises dans les dispositions ci-dessus énoncées. Le sénat, auquel il appartiendra de prononcer sur ces matières, soumettra à S. M. à cet égard, le cas échéant, les remontrances qu'il croira convenables.

Donné à Chambéri, au sénat, le 30 octobre 1816.

juridiquement inattaquable : *La loi civile et la justice des hommes vous assurent la possession de cette propriété ; mais l'Evangile et la justice éternelle vous déclarent que la loi civile commet une injustice involontaire, et que vous devez restituer promptement la terre à son légitime propriétaire, au nom de la loi de Dieu, contre laquelle on ne prescrit jamais ; si vous ne voulez pas, malgré la sentence des juges de ce monde, entendre un jour prononcer votre condamnation de la bouche du souverain juge dans l'autre;*

Attendu qu'en parlant ainsi à des époux, à des débiteurs, à des prescripteurs frauduleux, un prêtre catholique n'engage point à violer les lois ; mais qu'en reconnaissant et respectant leur validité, leur force, leur puissance, au for extérieur, il déclare seulement leur illégitimité morale au for extérieur, et ne fait en cela qu'user de la liberté et de la protection garantie à la religion catholique par la constitution de l'Etat ;

Attendu que si le prêtre catholique ne pouvait pas s'exprimer ainsi librement à l'égard des lois civiles qui se trouvent quelquefois contraires à la loi évangélique ; que s'il ne lui était pas permis d'en prêcher la doctrine et la morale dans toute leur étendue, il faudrait con-

séquemment effacer de la Charte constitutionnelle l'article 6, portant : *La religion catholique, apostolique et romaine*, c'est-à-dire non
seulement le culte extérieur, mais encore la
doctrine et la morale de l'Eglise catholique et
des apôtres, *est la religion de l'Etat*; et il
faudrait lui substituer celui-ci : *Le culte purement extérieur, c'est-à-dire les processions,
le son des cloches, le chant et les cérémonies
de la religion catholique, sont la religion de
l'Etat; quant à la doctrine et à la morale de
cette même religion, elles seront tenues de se
conformer à la doctrine et à la morale des
lois civiles et politiques de l'Etat* ;

Attendu que l'exposant, fidèle à l'article 6
de la Charte, qui l'autorise à prêcher la morale
de la religion catholique, et au principe divin
qui lui ordonne de rendre à César ce qui appartient à César, et à Dieu ce qui appartient à
Dieu, reconnaît et respecte l'indépendance
du for extérieur, et réclame pour le for
intérieur la même indépendance ; qu'après
avoir, en sujet obéissant et soumis aux lois,
rassuré les nouveaux acquéreurs des biens dits
nationaux, sur l'imperturbable possession de
ces mêmes biens, il a pu et même il a dû,
comme prêtre de la religion catholique, dont
le libre exercice lui est assuré par la Charte,

leur parler le langage des commandemènts de Dieu, de la morale évangélique et de la doctrine de l'Eglise ; de même qu'il parlerait aux débiteurs, aux prescripteurs et aux époux mentionnés plus haut, sans blesser les lois ;

Attendu qu'en leur parlant ce langage, l'exposant n'a pas dit un seul mot tendant à leur faire croire, ni à leur faire craindre que leurs propriétés nouvelles fussent violables, ou qu'elles dussent être violées, ou qu'elles leur seraient enlevées ou redemandées ; mais qu'il s'est borné à leur conseiller une chose qui n'est défendue par aucune loi, c'est-à-dire, de consulter les commandements de Dieu, l'Evangile, et leur conscience sur ce point ; de considérer que peut-être la loi divine ne sanctionnera pas ce qu'a fait la loi des hommes ; de choisir, dans le doute, le parti le plus sûr, le plus juste et le plus sage ; de tirer de ces mêmes biens le plus saint et le plus grand avantage, en les plaçant à intérêt sur le trésor des miséricordes célestes ; de les employer, suivant la doctrine de l'Eglise, aux soulagements de leurs frères malheureux, à la réparation des injustices même involontaires, à la rédemption des captifs du purgatoire, à leur propre salut et à la tranquillité de leur conscience ;

Attendu que, par ces discours et cette

exhortation conforme à la morale et à la foi; l'exposant, quand bien même les nouveaux propriétaires se seraient démis librement et volontairement de leurs susdits biens, n'aurait point provoqué à désobéir au Roi ni à violer les lois de l'Etat; parce qu'en effet il n'existe aucune ordonnance du Roi ni aucune loi de l'Etat qui prohibe la restitution, ou qui défende de la conseiller; mais qu'au contraire il aurait eu le mérite de susciter *des actes saints en religion*, puisqu'ils eussent produit le soulagement des malheureux dans ce monde, et des ames captives dans l'autre; *des actes justes en morale*, puisqu'ils eussent rendu à César ce qui appartient à César, et à Dieu ce qui appartient à Dieu; *des actes utiles en politique*, puisqu'enfin ils eussent tourné au profit du gouvernement et du peuple, en dégrevant le trésor public de sommes égales au revenu des biens dont le nouveau propriétaire aurait bien voulu se dessaisir librement et volontairement à titre de justice, de bienfaisance ou d'aumône;

Attendu qu'enfin l'exposant, en employant dans son ouvrage la morale de l'Evangile, la doctrine de l'Eglise, et les décisions et les maximes de quarante évêques légitimes de France, publiées à Londres et à Paris, afin d'engager les fidèles à opérer de bonnes œuvres, à céder à la voix de leur conscience, à faire des dons et à produire des actes que la loi civile ne prohibe point, n'a fait en cela qu'user de la liberté accordée à l'exercice de la religion et du culte catholique; que cette liberté lui est garantie par la Charte constitutionnelle, article 6; et, de plus, par la jurisprudence d'un arrêt de la Cour de cassation, du 30 novembre 1810, en faveur d'un prêtre qui, condamné par la Cour alors impériale de Jemmappe, fut ensuite acquitté par la Cour de cassation de Paris, contrairement aux conclusions du procureur-général impérial Merlin, et fut maintenu dans le privilége incontestable et sacré de ne pouvoir être forcé à faire une chose qui blessait la morale religieuse, la doctrine de l'Eglise et la liberté du culte catholique; que si un prêtre catholique, auquel des magistrats voulaient faire violence, quant à la pratique de sa morale et à l'exercice de son ministère, a obtenu justice contre eux devant les juges d'un usurpateur et sous son règne tyrannique, l'exposant est bien plus sûr de l'obtenir contre ses accusateurs, devant des juges institués par notre Souverain légitime, et sous son règne protecteur de l'innocence et conservateur de la foi, de la morale et de la religion de nos pères.

D'après ces motifs, l'abbé Vinson supplie qu'il plaise à la Cour, faisant droit sur l'arrêt rendu contre lui par défaut, le 18 octobre 1816, / mettre ledit arrêt et tout ce dont est appel, au néant; émendant, décharger ledit abbé Vinson des condamnations contre lui prononcées; statuant au principal, le renvoyer de l'accusation intentée contre lui à la requête de M. le Procureur-général, et ordonner la remise tant de son Concordat expliqué au Roi, que de son Mémoire justificatif, pour en user et faire comme il avisera : et vous ferez justice.

L'Abbé VINSON.

POST-SCRIPTUM.

Après avoir achevé cette Requête, et préparé
tous mes moyens de défense pour le moment
où je serais appelé devant la Cour royale, et
autorisé à plaider la cause de Dieu contre
M. le Procureur du Roi, je me suis informé
si mon Mémoire justificatif avait été lu par
tous et chacun de mes juges qui l'ont condamné comme séditieux ; si la foi catholique
était de quelque poids dans la balance actuelle
de la justice ; si la double légitimité politique
et religieuse formait la base de la nouvelle jurisprudence, et des principes d'après lesquels
ou allait me condamner ou m'absoudre ; si la
morale de l'Évangile devait ou ne devait pas,
suivant toute probabilité, être sacrifiée à la
politique du jour ; si l'impartialité des magistrats était véritablement et fortement plas-
tronée contre les traits et les coups-de-feu
ministériels ; si, dans ma position, la masse
des craintes surpassait ou non la somme des
espérances ; s'il était possible enfin que je ga-
gnasse une affaire théologique et religieuse qui
allait être jugée par une Cour laïque, et qui,
déjà perdue trois fois par trois sentences uni-

formes, annonce une invariable uniformité de condamnation, à laquelle elle ne semble devoir échapper que par miracle ?

L'ami clair-voyant et sage que j'ai consulté sur tous ces points, m'a répondu en homme qui connaît parfaitement les magistrats que nous avons, le code qui nous régit, et les circonstances où nous sommes : en conséquence,

Attendu que la main du Très-Haut qui, dans sa juste vengeance, dit le Roi-prophète, a livré Jérusalem aux nations étrangères, et son peuple au joug des Égyptiens, et ses murailles à la destruction, et ses temples à la profanation, et ses prêtres au glaive des assassins, et ses fruits à la rigueur des frimas, et ses moissons aux insectes, et ses champs à la stérilité (Ps. 77); cette main pesante qui, pendant vingt-cinq années consécutives, n'a pas traité moins sévèrement la France et ses habitants, ses prêtres, ses pontifes, ses temples, ses autels, ses champs et ses moissons, ne s'est point encore allégée ni retirée de dessus notre patrie malheureuse ;

Attendu qu'elle n'est peut-être pas éloignée la nuit heureuse et salutaire, où l'ombre du Roi - martyr viendra dire à la France : *Et moi aussi j'ai consenti à voir dans mon royaume l'Église gallicane expropriée, et*

ses libertés violées, et sa hiérarchie muti-
lée, et sa sainte milice stipendiée ; — et
moi aussi je me suis laissé influencer et
conduire par les hommes et les principes
nouveaux, et j'ai cru devoir suivre pas à
pas, dans la marche de mon gouvernement
et de mes lois, le funeste progrès des lumières
du siècle ; — et moi aussi j'ai usé d'une ex-
cessive et dangereuse clémence envers des
hommes révolutionnaires qui, baignés du
sang de mes plus fidèles sujets, n'avaient
pas encore été régicides, mais qui se dispo-
saient bientôt à l'être : — et moi aussi j'ai
pris pour ministres des hommes recomman-
dables par l'excellence de leurs idées libérales,
les C... les Du.... les Bi.... les Servan, les
Rolland, les Clavière, qui m'ont donné le
conseil étrange de suivre l'impulsion fou-
gueuse de la révolution, pour en arrêter le
cours, de m'y abandonner pour lui résister
avec succès ; de la favoriser pour la détruire ;
de l'épouser enfin pour en délivrer mon
royaume ; et qui, par cette incompréhen-
sible politique, sont morts presque tous,
comme ma famille et moi même, victimes
de cette longue et sanguinaire révolution ;
— et moi aussi j'ai cru devoir plutôt cher-

cher à gagner mes ardents ennemis, qu'à conserver mes amis zélés ; j'ai remis les destinées de ceux qui m'aimaient aux mains de ceux qui ne m'aimaient pas ; on m'a représenté comme une extravagance leur fidélité, leur zèle comme une désobéissance, et leur dévouement comme un crime ou un délit qu'il fallait réprimer et punir : — et moi aussi, par une meurtrière parcimonie, j'ai licencié ces nobles phalanges, ces gardes-du-corps et de la maison des Rois, dont le courage et la magnificence faisaient tout à la fois la gloire et la sûreté du trône ; et bientôt après, assailli dans mon palais même, je me suis trouvé seul, et, pour ainsi dire, isolé au milieu d'une populace rebelle, éloigné de mes serviteurs, abandonné de mes amis, privé de mes braves et livré sans défense à la merci des méchants ;

Attendu que le cœur et la volonté des Rois sont dans la main du Seigneur, dit la sagesse de Salomon, et que, par des avis du ciel, ou des conseils humains, ou des inspirations secrètes, Sa Toute-puissance peut aisément les faire incliner çà ou là, les changer à son gré, les conduire où il lui plaît, comme on divise et dirige à volonté le cours d'un ruisseau doeile. — *Sicut divisiones aquarum, itâ cor regis in manu Domini ; quocumque voluerit, inclinabit illud* (Ps. 21.);

Attendu que Dieu n'a sans doute accordé aux Français la restauration de leur Souverain légitime que pour l'entier accomplissement de ses desseins , et pour le rétablissement parfait de leur religion , de leur gloire et de leur ancienne félicité ; et qu'en attendant l'exécution complète de cette œuvre déjà commencée, la fidélité , qui souffre encore après une si longue tempête politique , doit se soumettre, et peut aller au loin attendre patiemment la dispersion des nuages et l'aurore des jours plus purs et plus tranquilles ;

Attendu que la mère du Rédempteur du monde a été forcée de se réfugier en Égypte, et d'y chercher un abri contre la persécution du roi Hérode (1);

Attendu que David a fui, respectueusement et sans honte, l'injuste animadversion de Saül qu'il n'avait méritée que par un dévouement

____

(1) *Surge , et accipe puerum et matrem ejus et fuge in Ægyptum...... qui consurgens accepit puerum et matrem ejus et secessit in Ægyptum : et erat ibi, usque ad obitum Herodis.* (Math., c. II, v. 13.)

excessif, et s'est prudemment retiré dans le royaume des Philistins (1) ;

Attendu que, de même, le grand Apôtre, à la faveur de la nuit et par un heureux stratagême, a franchi les murs de Damas, et s'est sauvé des mains de ses ennemis qui cherchaient à le saisir pour le jeter dans les fers (2) ;

Attendu que Jésus-Christ lui-même dit à ses disciples : *Quand les ennemis de la vérité vous persécuteront dans une ville, fuyez dans une autre* (3) ;

Attendu que ce divin Sauveur a daigné joindre l'exemple au précepte ; et qu'à la nouvelle du meurtre de S. Jean, son précurseur, il a fui, pour la seconde fois, au-delà des mers, la persécution du tyran de la judée (4);

____

(1) *Et ait David in corde suo : aliquandò incidam unâ die in manus Saül : nonne meliùs est ut fugiam et salver in terrâ Philisthinorum ?* (REG., c. XXVII , v. 1.)

(2) *Damasci præpositus gentis Arectæ regis custodiebat civitatem Damascenorum, ut me comprehenderet : et per fenestram in sportâ, dimissus sum per murum ; et sic effugi manus ejus.* (II ad COR., c. II, v. 32.)

(3) *Amen dico vobis ! !... Ecce ego mitto vos sicut oves in medio luporum ! ! cavete ab hominibus..... Cum autem persequuntur vos in civitate istâ, fugite in aliam.* (MATH., c. X, v. 16-23.)

(4) *Rex.... misit et decollavit Joann m in carcere..... quod*

Attendu que nos princes eux - mêmes ne se sont soustraits à la prison du Temple , aux affreux cachots de la Conciergerie , et probablement à l'échafaud, que par une fuite aussi légitime qu'heureuse ;

Attendu que , d'après ces exemples , on ne viole ni la justice , ni l'honneur, ni les devoirs sacrés de prêtre , de prince, ou de citoyen , quand on fuit les persécutions , soit religieuses , soit politiques , qu'exercent les méchants au nom même du Souverain légitime ;

Attendu que les ecclésiastiques fidèles qui , pendant le règne de la persécution révolutionnaire, ont', par la fuite , sauvé, dans les pays lointains , le trésor de la foi et des libertés de l'Église gallicane persécutée , peuvent et doivent encore, s'il le faut, s'expatrier et sauver les modiques restes de ce trésor divin , si indignement violé, et menacé d'une entière dilapidation ;

Attendu qu'interdire , en France , aux prêtres catholiques et royalistes, le libre exercice de leur ministère et de la prédication évangé-

____

cum audisset Jesus, secessit inde in naviculâ, in locum desertum seorsum. (MATH., c. XIV, v. 13.)

lique, est une véritable persécution religieuse et politique, et une violation manifeste de la Charte constitutionnelle, qui nous dit, par la voix et sur la foi du Monarque : « LA RELIGION CATHOLIQUE, APOSTOLIQUE ET ROMAINE, EST LA RELIGION DE L'ÉTAT ; »

Attendu que cette Religion, si solennellement proclamée et garantie comme religion dominante et libre, est sans doute la même Religion que Louis XVIII et son auguste famille ont constamment professée, soit en France, au mépris de l'Église constitutionnelle, soit en Allemagne, en Italie, en Pologne, en Russie, en Suède, en Angleterre, et dans tous les lieux de leur exil, au milieu du clergé loyal et pur qui partageait leurs malheurs et défendait courageusement leurs droits ;

Attendu que les prêtres, aujourd'hui persécutés et traduits devant les tribunaux, comme autrefois, pour avoir exercé leur culte et prêché l'Évangile, non seulement professent encore et professeront toujours la Religion ci-dessus mentionnée, la Religion de l'Église gallicane, la Religion du Monarque ; mais encore ils sont ces mêmes prêtres, ce même clergé, qui, rentrés en France avec leur Souverain légitime, après vingt-cinq ans d'exil, réclament vainement auprès des ministres la même

liberté de culte qu'on accorde aux prêtres con-
cordataires, aux juifs, aux luthériens, aux
calvinistes, à tous les dissidents ; et qu'ainsi,
ce cinquième article de la Charte constitutionnelle : CHACUN PROFESSE SA RELIGION AVEC UNE
ÉGALE LIBERTÉ, est manifestement violé ; qu'il
ne semble fait qu'en faveur des Dieux étran-
gers au véritable Dieu ; et que, pour les prêtres loyaux et catholiques, cet article existe
comme s'il n'existait pas ;

Attendu que c'est d'après ce système de
persécution religieuse et politique, exécuté
sans doute à l'insu du Monarque, et en violation des articles 5 et 6 de la Charte,

Que M. Fleury, prêtre catholique et non
concordataire, exerçant en paix son ministère
ecclésiastique à Fougères, après avoir essuyé
mille vexations préparatoires, a reçu de la mu-
nicipalité l'ordre qui suit : « Nous, maire et
» adjoints de la mairie de la ville de Fougères,
» ordonnons à M. Fleury, se disant prêtre,
» d'évacuer la ville demain matin, à quatre
» heures ; faute à lui de s'y conformer, il sera
» saisi par la gendarmerie royale (*après l'a-*
» *voir été 335 fois par la gendarmerie impé-*
» *riale, pour la cause de Dieu*), et conduit
» hors des limites du département. Fait à l'hô-

» tel de la mairie de Fougères, le 20 mai
» 1816. — *Signé* Dupontavice, Boisheury,
» des Bouillons, *adjoints*, Lelièvre de la
» Gémerais ; »

Que le même confesseur de la foi est venu
réclamer justice à Paris ; qu'il a été renvoyé à
Fougères, et bientôt après chassé du même
asile, par l'ordre de ceux-là même qui l'y
avaient renvoyé ; et que, s'étant retiré à Nan-
tes, où il résidait en paix, il vient d'être condamné en cinquante francs d'amende, trois
mois d'emprisonnement, un an de surveillance
sous la haute police, et un cautionnement de
deux cents francs, pour s'être plaint de la persécution exercée contre son ministère, et pour
avoir demandé, par écrit, la permission de
prêcher librement le septième commandement
de Dieu ;

Que M. Joly, prêtre catholique et non
concordataire, de retour en France après
vingt-cinq ans d'exil pour le Roi et pour la religion, a été arrêté le 6 décembre 1815, à six
heures du matin, par deux gendarmes, mu-
nis d'un ordre du sous-préfet de Dieppe, signé
Cartier, comme coupable d'avoir dit la messe
chez lui ; qu'il a été conduit à pied, de la cam-
pagne où il résidait, jusqu'à Dieppe, et déposé

dans la prison du Polet ; et que, dans la suite, un ordre de déportation à cent lieues de sa résidence, lui a été signifié par la même autorité;

Que son frère, dans la maison duquel le saint sacrifice de la messe avait été célébré, s'est également vu condamner par deux jugements, du 15 décembre 1815 et 1er. mars 1816, en deux cents francs d'amende, et aux frais des deux jugements, signés de Lamare, Barois et Langlois, motivés sur les articles 291 et 294 du Code pénal de l'usurpateur; quoique ces articles, dirigés par Buonaparte contre les prêtres royalistes, soient nécessairement abolis par les articles 5 et 6 de la Charte constitutionnelle;

Que M. Turmeau, prêtre catholique et non concordataire, le 7 septembre 1815, a été menacé par M. le sous-préfet de Blois, M. de Juigné, d'être arrêté et traduit en prison, par voie de police, s'il ne cesse de dire la messe chez lui et d'y exercer ses fonctions ecclésiastiques;

Que M. Darenroy, prêtre catholique et non concordataire, du diocèse de Grenoble, coupable d'avoir exercé chez lui le culte de sa religion et célébré la sainte messe, a été forcé, le 2 janvier 1816, d'abandonner précipitamment sa demeure, où les agents de police sont venus commettre toutes sortes de vexations, et de se soustraire à un mandat d'arrêt qu'on avait secrètement lancé contre lui.

Que M. Mérille, prêtre catholique et non concordataire, résidant à St.-Thomas, commune du département de la Maïenne, a été trouvé coupable de dire la messe chez lui et d'y exercer son culte religieux; que le juge de paix, en conséquence, l'a fait emprisonner; et qu'enfin M. le vicomte de Grassin, sous-préfet de Maïenne, en lui rendant la liberté, lui a interdit, le 25 janvier 1816, non-seulement l'exercice de son ministère ecclésiastique, mais encore toute résidence dans son arrondissement ;

Que deux ecclésiastiques de Coutance, MM. Vaufre et d'Arragon, ont éprouvé et subissent encore aujourd'hui, pour la même cause, les rigoureuses vexations de M. le sous-préfet et de M. le maire d'Anneville ;

Que, le 21 de novembre 1815, deux gendarmes, par les ordres de M. le préfet du département de la Sarthe, ont arrêté dans la paroisse de Combron, et conduit au Mans, M. Roger, prêtre catholique et non concordataire, comme coupable d'exercer les fonctions sacerdotales et le culte de sa religion, sans les pouvoirs de M. Piddol, évêque concordataire du département ;

Que le préfet de l'Arriège, M. Chassepot, a fait poursuivre, comme anti-concordataire et perturbateur du repos public, M. Dégeil, prêtre, desservant de la paroisse de Biert, comme coupable d'avoir rétracté publiquement son adhésion au Concordat, et de se réunir ainsi à la doctrine professée par les évêques légitimes de France, qu'il appelle LA PETITE ÉGLISE ;

Qu'un prêtre catholique et non concordataire de Vendôme est actuellement persécuté, comme coupable d'avoir célébré la messe dans la maison d'une veuve pieuse, infirme, octogénaire ; et qu'elle-même a été jugée coupable et condamnée à trois cents francs d'amende et aux frais d'une longue et dispendieuse procédure, pour avoir consenti qu'on célébrât le saint sacrifice chez elle, et que sa famille y assistât ;

Qu'au mois de janvier 1816, un vénérable prêtre catholique et non concordataire, accablé d'années et d'infirmités, ancien religieux capucin, nommé Urthier, mais plus connu et généralement vénéré sous le nom de PÈRE ISIDORE, a souffert les menaces et les vexations, soit de M. Espaignac, maire de sa commune, soit du préfet de l'Arriège, M. Chassepot, comme coupable de célébrer chez lui les saints mystères et d'y exercer ses fonctions augustes, sans être approuvé par M. Primat, archevêque de Toulouse, et sans avoir jamais prêté, pendant tout le cours de la révolution, aucun autre serment que celui de sa profession religieuse, et de la promesse que renferment ses vœux solennels ;

Qu'enfin j'ai été moi-même jugé coupable d'actes séditieux, soit pour la publication d'un ouvrage intitulé : LE CONCORDAT EXPLIQUÉ AU ROI, qui n'est écrit que pour venger les droits du Roi ; soit pour celle de mon MÉMOIRE JUSTIFICATIF, qui ne renferme que la discussion, les arguments et les motifs d'une défense modérée, juste et légitime ; et qu'en conséquence un jugement prononcé au tribunal de première instance, par M. Chrétien de Poly, et un arrêt de la Cour royale, prononcé par M. Choppin d'Arnouville, m'ont successivement condamné à la perte de ma liberté pour trois mois, à 50 francs d'amende, à des cautionnements, à des frais, et surtout aux rigueurs d'une surveillance à laquelle la pureté de mon royalisme et de ma foi ne pourrait se soumettre sans rougir du seul nom de mes surveillants ;

Attendu que ces deux condamnations injustes, et confirmatives l'une de l'autre, prouvent jusqu'à l'évidence que le caractère et les fonctions d'un prêtre catholique sont absolument méconnus par la jurisprudence nouvelle qui nous régit ; et que les magistrats sont aujourd'hui persuadés, contradictoires à la doctrine évangélique, que, lorsqu'il existe une opposition formelle entre la loi de Dieu et la loi des hommes, c'est la loi divine qui doit fléchir humblement et céder à la puissance de sa rivale ;

Attendu qu'il est dit expressément, dans le considérant de la loi du 9 novembre 1815, que cette loi n'est qu'UN REMÈDE MOMENTANÉ, UNE LÉGISLATION PROVISOIRE, en attendant le rétablissement des Cours prévôtales qui, d'après l'article 63 de la Charte constitutionnelle, devront connaître de ces espèces de délits ; et que, par conséquent, les Cours prévôtales ayant été rétablies avant l'époque où j'ai été accusé, c'est devant elles que j'aurais dû être traduit, suivant la Charte, et non devant le tribunal de première Instance ;

Attendu qu'au mépris de mes justes réclamations, le susdit tribunal a repoussé le déclinatoire plaidé par mon défenseur, et s'est, abusivement et contrairement à la loi, déclaré compétent ;

Appel.

Attendu qu'à cette même audience, et à huis-clos, le 3 septembre 1816, M. le président Chrétien de Poly m'engagea dans une longue série de questions et de réponses, qui ressemblaient plutôt à une thèse de séminaire qu'à un interrogatoire juridique ; et que ce magistrat, discutant en théologien concordataire sur la nature des excommunications, des intrusions, des institutions et juridictions canoniques, s'efforça de me convaincre que la doctrine des évêques et des prêtres d'outre-mer et des bords de la Tamise, comme il nous appelait, n'est qu'une doctrine erronée, tandis que le Concordat est une loi de l'Etat, véritablement obligatoire et légitime, exécutée par le Roi lui-même;

Attendu que ce même magistrat a rapporté dans son jugement, comme troisième motif de ma condamnation, *que dans tout le cours de mon ouvrage, et notamment aux pages* 89 *et* 90, *j'ai blâmé, avec autant de hauteur que de dureté, la conduite tenue par notre S.-P. le pape et par le corps de l'ÉGLISE GALLICANE, que je ne désignais que sous le nom d'ÉGLISE CONCORDATAIRE, et que je qualifiais de schismatique ; que j'avais même osé dire que les fidèles devaient, sous peine d'excommunication, fuir ceux que j'appelais les faux évé-*

*ques ; les intrus qui avaient, selon moi,
usurpé les siéges des évêques non - démis ;*

Attendu qu'en cela, M. le président Chrétien s'est trompé, lorsqu'il a représenté la doctrine établie dans mon ouvrage contre le Concordat, contre les prétentions du pape Pie VII
sur l'Eglise de France, contre l'Eglise concordataire, etc., etc., comme étant ma doctrine, tandis qu'elle est en effet la doctrine de
quarante évêques légitimes de l'Eglise gallicane, publiée dans leurs immortelles protestations ;

Attendu qu'il s'est également trompé lorsqu'il a donné, dans les motifs de son arrêt, le
glorieux nom d'Eglise gallicane à l'Eglise concordataire : 1°. *parce que* le premier devoir,
aussi bien que le caractère distinctif de l'Eglise
gallicane, c'est de refuser au Pape toute espèce de puissance et d'autorité sur le temporel
et sur le trône de nos Rois ; que, loin d'adopter
et de pratiquer cette maxime, l'Eglise concordataire s'est crue légitimement déliee, par le
Pape, de son serment de fidélité envers le Roi,
et qu'elle a prêté un nouveau serment à l'usurpateur Buonaparte, d'après la puissance et
l'autorité du souverain Pontife ; 2°. parce que,
d'après la même autorité, l'Eglise concorda-

taire, soit au canon de la messe, soit dans ses oraisons publiques, n'a plus reconnu son Souverain légitime, et a prié pour le tyran; ce que ne pouvait pas faire, et ne faisait point alors, et n'a jamais fait, et ne fait point encore, et ne fera jamais la véritable Église gallicane, quand bien même l'usurpateur remonterait, pour la troisième fois, sur son trône de sang et de boue; 3°. parce que, quoi qu'en dise M. le président Chrétien, il ne peut pas y avoir deux Églises gallicanes : or, au moment où le schisme s'est établi en France, et où le sang des prêtres et des pontifes a ruisselé dans les rues et baigné le pavé des temples, toute l'Europe catholique sait que l'Eglise gallicane s'est retirée en exil, et a, depuis, constamment associé sa cause à celle des Princes; tout le monde sait que le Souverain légitime, à l'occasion du Concordat, a regardé les réclamations et les protestations des pontifes exilés comme le langage et la doctrine de l'Eglise gallicane, dont il est le protecteur-né; or cette Eglise était sous ses lois, hors de France; donc l'Église concordataire, qui était en France sous les lois de l'usurpateur, ne pouvait pas être l'Église gallicane; donc, M. le président se trompe quand il lui donne ce glorieux nom, et qu'il l'ôte à ceux qui ont tout souffert pour le conserver;

Attendu qu'il s'est également trompé en disant que j'ai même osé enseigner aux fidèles qu'ils doivent fuir, sous peine d'excomunication, les schismatiques, les faux évêques, les intrus, puisque cette doctrine est enseignée, non par moi, mais par l'Église, et les saints pères et les conciles ;

Attendu qu'il s'est encore trompé lorsqu'il m'a condamné à des peines afflictives, pour avoir blâmé, dit-il, avec autant de hauteur que de dureté, la conduite de notre St.-Père le Pape, puisqu'en effet j'ai constamment plaint et respecté, dans mon esprit, les malheurs du Souverain pontife ; et qu'en admettant même, ce qui n'est pas, *de la hauteur* et *de la dureté* de style contre Pie VII, qui donne le trône de mon Roi à un tyran, ce serait une irrévérence grossière, et non point un délit prévu par aucune de nos lois ;

Attendu que le 15 octobre 1816, trois jours avant l'appel de ma cause à la Cour royale, je me présentai, malgré mon état de faiblesse et de maladie, chez M. le président Choppin d'Arnouville, pour solliciter la remise de cette même cause ; que je motivai ma demande sur le déplorable état de ma santé qui ne m'avait pas permis de préparer mes moyens de défense ; sur ce que mon avocat lui-même n'était pas prêt, etc..., etc. ; et que l'injuste et positif refus de ce magistrat, accompagné d'un accueil un peu plus qu'acerbe, m'offrit alors un sinistre présage qui, trois jours après, ne s'est que trop fidèlement vérifié ;

Attendu qu'espérant, de mes juges réunis, une justice un peu plus compatissante, j'envoyai à mon défenseur, M. Roussialle, un certificat de médecin et la lettre suivante, qu'il voulut bien communiquer aux magistrats, en ces termes :

« Monsieur, dans l'impossibilité où je suis de
» me rendre à l'audience, pour cause de ma-
» ladie, je vous prie de vouloir bien présenter,
» en mon nom, à Messieurs les Présidents et
» Conseillers de la Cour royale, formant la
» Chambre des vacations, la demande que
» j'ai l'honneur de leur adresser par votre or-
» gane ;

» Attendu que l'affaire, pour laquelle je suis
» traduit devant la Cour, intéresse essentiel-
» lement la religion de l'État, et par consé-
» quent, sous le rapport du dogme et de la
» morale évangélique, doit être plaidée par
» moi-même, prêtre catholique et ministre
» de cette religion ;

» Attendu que le considérant du jugement
» rendu par le tribunal de première instance,

» cite et condamne des parties de mon ou-
» vrage qui n'ont point été mentionnées dans
» l'acte d'accusation , et que ces mêmes par-
» ties doivent être justifiées par un nouveau
» travail ;

» Attendu que l'assignation, remise au con-
» cierge de la maison où j'ai mon domicile , ne
» m'est parvenue que le 13 du courant ;

» Attendu que le mauvais état de ma santé ,
» depuis mon appel , comme l'atteste le certifi-
» cat ci-joint , ne m'a point permis de m'oc-
» cuper de la composition de mon plaidoyer ,
» ni de la rédaction de mes moyens justifi-
» catifs ;

» Attendu que le double appel de l'accusa-
» teur et de l'accusé ; la scandaleuse promul-
» gation de mon jugement par la voix des
» crieurs publics (quoique ce ne fût qu'un ju-
» gement de première instance) qui compro-
» mettait la dignité de la religion , le caractère
» de ses ministres et la tranquillité publique ;
» la saisie de tous mes ouvrages , et les autres
» actes de sévérité qui s'en sont suivis , même
» contre l'imprimeur, quoiqu'il se fût soumis
» à toutes les formalités prescrites ; le pro-
» grès des négociations entre la Cour de France
» et la Cour de Rome ; l'intérêt enfin, l'hon-
» neur et la dignité du culte catholique et de

» la religion de nos pères , si long-temps persé-
» cutée, me portaient à croire que les ministres
» et les magistrats du Roi seraient disposés à
» ensevelir le scandale de cette malheureuse
» affaire sous un appel indéfini et une remise
» sans époque et sans terme ;

» Attendu que , trompé dans cet espoir , de
» nouveaux moyens de défense m'ont été ré-
» cemment fournis par des personnes nouvelle-
» ment arrivées et intéressées à ma justifica-
» tion ; et qu'il me faut quelque temps
» et beaucoup d'application pour les déve-
» lopper et en tirer les preuves décisives de
» mon innocence ;

» Attendu que mon avocat lui-même n'a
» point encore terminé son nouveau travail re-
» latif à mon affaire ;

» Je supplie la Cour de prendre en considé-
» ration ces différents motifs, et de m'accor-
» der la remise de ma cause à un mois ou six
» semaines , eu égard à la faiblesse et au mau-
» vais état de ma santé.

» J'ai l'honneur d'être etc., etc., etc. L'ab-
» bé Vinson. *Paris , le 18 octobre 1816.*»

Attendu que ma demande , par je ne sais
quelle influence ou quels motifs, fut alors péremptoirement rejetée , et que l'arrêt fut prononcé contre moi à huis clos , sans m'entendre ;

Attendu qu'en pareil cas, me refuser ce qu'on accorde toujours aux prévenus, maintenir le Concordat comme une loi, et me juger d'après elle ; m'appeler faussement le violateur de la Charte, lorsque j'en suis le plus fidèle observateur ; interpréter abusivement, contre mes droits, le 64e. article de la loi constitutionnelle et les articles 5, 8 et 9 de la loi du 9 novembre ; prétendre que le royalisme le plus pur et le plus obéissant aux ordres du Roi, a voulu exciter les Français à désobéir au Roi ; confondre, en un mot, et avec connaissance de cause, la loi civile et la loi évangélique, le for intérieur et le for extérieur, les alarmes politiques et les alarmes religieuses, l'inviolabilité des biens nationaux dans ce monde et la comptabilité de leurs possesseurs dans l'autre ; c'est annoncer la détermination ferme et positive de trouver un coupable dans la personne d'un prêtre toujours fidèle à son Dieu, à son Roi ; et qui par la politique mal intentionnée des CITRA−ROYALISTES, est ironiquement appelé, comme beaucoup d'autres, un ULTRA−ROYALISTE ;

Attendu qu'enfin, puisque mon ouvrage, publié pour le maintien des droits légitimes du Roi contre les dispositions illégitimes du Concordat, est condamné, par la Cour royale,

comme un écrit séditieux; puisque mon MÉ-
MOIRE JUSTIFICATIF, publié pour ma juste défense contre une accusation injuste, est condamné, par la même Cour, comme un écrit
séditieux, il est bien à craindre que cette requête, où j'ai encore eu la témérité de parler
pour ma justification, soit de même condamnée, par la Cour royale, comme un écrit séditieux; et que, si j'osais plaider ma cause
devant cette même Cour, il est presque indubi-
table qu'elle condamnerait tout à la fois comme
séditieux, et le PLAIDEUR et le PLAIDOYER.

D'après les nombreux motifs développés dans
tout le cours de cette requête, et particulièrement d'après ces dernières considérations, il
est évident qu'un prévenu, ainsi jugé, n'a rien
de mieux à faire qu'à céder, à se taire et à
souffrir; en conséquence,

Mû par la nécessité des circonstances impé-
rieuses du temps où nous sommes, plutôt que
par un acte libre de ma volonté, j'abandonne
aux magistrats de la Cour royale, ma cause
instruite comme elle l'est, soit dans cette présente requête, soit dans mon Mémoire justificatif; et plaidant par écrit devant ces mêmes
juges, le déclinatoire et leur incompétence,
comme je l'ai fait devant le tribunal de première instance, en ma qualité de prêtre et

membre de l'Église gallicane, et pour la con-
servation des droits, libertés, priviléges et juridiction canonique d'icelle,

Je les récuse, comme voulant en morale
et en matières ecclésiastiques, juger un ecclésiastique, sans être juges ecclésiastiques ;

Je les récuse, comme voulant, par une
décision contraire aux droits du Monarque,
appliquer à ma cause, comme loi de la monar-
chie, le Concordat, destructeur de la monar-
chie ;

Je les récuse, comme statuant dans leur
arrêt, et voulant persuader à la France que
ce même Concordat est maintenu par la Charte,
tandis que la Charte, au contraire, n'est d'un
bout à l'autre que l'abolition juste et solennelle du Concordat ;

Je les récuse, comme voulant, juges du
for extérieur, convertir en délit un acte spiri-
tuel et intime de la conscience, qui n'appartient et n'a jamais appartenu qu'au for
intérieur ;

Je les récuse, comme voulant appliquer
abusivement à des alarmes religieuses, une
peine prononcée par la loi contre des alarmes
politiques ;

Je les récuse, enfin, comme voulant, par
une fausse attribution, fondée sur la loi du

9 novembre, connaître d'un prétendu délit, et d'une affaire dont la compétence, d'après la loi même qu'ils invoquent, ne leur appartient plus, et leur a été enlevée par le rétablissement des Cours prévôtales.

En conséquence, sans manquer au respect et à la soumission que je dois et rendrai toujours au Roi et à la justice, je fais d'avance et consigne ici, pour valoir en temps et lieu, mon pourvoi à la Cour de cassation, contre l'arrêt définitif et la condamnation que pourra prononcer la Cour royale ; j'en appelle en même temps au tribunal de la véritable Église gallicane, quand elle sera légitimement rétablie ; au tribunal de l'opinion publique, dans ce monde ; et dans l'autre, au tribunal de Dieu qui jugera, dit l'Écriture (*Ps.* 9, 2 *Adtim.* 4), les justices et les jugements, les vivants et les morts ; ceux qui croient en lui, et ceux qui n'y croient pas ; et les législateurs, les lois, les magistrats et les juges auxquels Jésus-Christ annonce qu'ils seront un jour jugés eux-mêmes dans le ciel, comme ils auront jugé les hommes sur la terre.

L'Abbé VINSON,

Prêtre, vicaire de Sainte-Opportune de Poitiers.

Loi relative à la répression des cris séditieux et des provocations à la révolte.

A Paris, le 9 novembre 1815.

Louis, par la grâce de Dieu, Roi de France et de Navarre, à tous présents et à venir, salut.

Nous eussions voulu laisser toujours à l'action sage et mesurée des tribunaux ordinaires la répression de tous les délits ; mais, après de si longs troubles, au milieu de tant de malheurs, de grandes passions s'agitent encore. Il faut, pour les comprimer, pour arrêter les désordres que produirait leur explosion, des formes plus simples, une justice plus rapide, et des peines qui concilient les droits de la clémence et la sûreté de l'Etat. Notre Charte constitutionnelle a réservé, par l'article 63, le tribunal que réclament les circonstances. La juridiction prévôtale a en sa faveur l'expérience des temps passés, et nous promet les heureux résultats qu'elle a produits sous les Rois nos ancêtres. Mais, tandis que notre Conseil prépare avec maturité les dispositions de la loi qui doit la rétablir, nous avons cru devoir chercher un remède momentané dans une législation provisoire.

Nous avons proposé, les Chambres ont adopté, nous avons ordonné et ordonnons ce qui suit :

Art. 1er. Seront poursuivies et jugées criminellement toutes personnes coupables d'avoir ou imprimé, ou affiché, ou distribué, ou vendu, ou livré à l'impression des écrits ; d'avoir, dans des lieux publics ou destinés à des réunions habituelles de citoyens, fait entendre des cris ou proféré des discours, toutes les fois que ces cris, ces discours ou ces écrits auront exprimé la menace d'un attentat contre la vie, la personne du Roi, la vie ou la personne des membres de la famille royale ; toutes les fois qu'ils auront excité à s'armer contre l'autorité royale, ou qu'ils auront provoqué directement ou indirectement au renversement du Gouvernement, ou au changement de l'ordre de successibilité au trône, lors même que ces tentatives n'auraient été suivies d'aucun effet et n'auraient été liées à aucun complot. Les coupables des crimes ci-dessus énoncés seront punis de la peine de la déportation.

II. Seront punies de la même peine toutes personnes coupables d'avoir arboré, dans un lieu public ou destiné à des réunions habituelles de citoyens, un drapeau autre que le drapeau blanc.

III. Seront punies de la déportation toutes personnes qui feront entendre des cris séditieux dans le palais du Roi ou sur son passage.

IV. Les Cours d'assises connaîtront des crimes énoncés aux articles précédents.

V. Sont déclarés séditieux tous cris, tous discours proférés dans des lieux publics ou destinés à des réunions de citoyens, tous écrits imprimés, même tous ceux qui, n'ayant pas été imprimés, auraient été ou affichés, ou vendus, ou distribués, ou livrés à l'impression, toutes les fois que, par ces cris, ces discours ou ces écrits, on aura tenté d'affaiblir, par des calomnies ou des injures, le respect dû à la personne ou à l'autorité du Roi, ou à la personne des membres de sa famille, ou que l'on aura invoqué le nom de l'usurpateur, ou d'un individu de sa famille, ou de tout autre chef de rebellion ; toutes les fois encore que l'on aura, à l'aide de ces cris, de ces discours ou de ces écrits, excité à désobéir au Roi et à la Charte constitutionnelle.

VI. Sont aussi déclarés coupables d'actes séditieux les auteurs, marchands, distributeurs, expositeurs de dessins ou images dont la gravure, l'exposition ou la distribution tendraient au même but que les cris, les discours et les écrits mentionnés en l'article précédent.

VII. Sont déclarés actes séditieux l'enlèvement ou la dégradation du drapeau blanc, des
armes de France et autres signes de l'autorité
royale; la fabrication, le port, la distribution
de cocardes quelconques et de tous autres signes
de ralliement défendus ou même non autorisés
par le Roi.

VIII. Sont coupables d'actes séditieux toutes
personnes qui répandraient ou accréditeraient,
soit des alarmes touchant l'inviolabilité des
propriétés qu'on appelle nationales, soit des
bruits d'un prétendu rétablissement des dîmes
ou des droits féodaux, soit des nouvelles tendant à alarmer les citoyens sur le maintien de
l'autorité légitime et à ébranler leur fidélité.

IX. Sont encore déclarés séditieux les discours et écrits mentionnés dans l'article 5 de
la présente loi, soit qu'ils ne contiennent que
des provocations indirectes aux délits énoncés
aux articles 5, 6, 7 et 8 de la présente loi,
soit qu'ils donnent à croire que des délits de
cette nature, ou même les crimes énoncés aux
articles 1, 2 et 3, seront commis, ou qu'ils
répandent faussement qu'ils ont été commis.

X. Les auteurs et complices des délits prévus
par les articles 5, 6, 7, 8 et 9 de la présente
loi, seront poursuivis et jugés par les tribunaux
de police correctionnelle; ils seront punis

d'un emprisonnement de cinq ans au plus et
de trois mois au moins. Ils seront en outre
condamnés à une amende dont le *minimum*
sera de cinquante francs , qui pourra être
élevée jusqu'à la somme de vingt mille francs.

Tout condamné qui se trouvera jouir d'une
pension de retraite civile ou militaire , ou d'un
traitement quelconque de non-activité , sera
privé de tout ou partie de sa pension de retraite,
ou de tout ou partie de son traitement de non-
activité , pour un temps qui sera déterminé par
le tribunal.

L'interdiction mentionnée en l'article 42
du Code pénal pourra être ajoutée à la condamnation , pour dix ans au plus et cinq ans
au moins.

Les condamnés demeureront en outre, après
l'expiration de la peine, sous la surveillance
de la haute police, pendant un temps qui sera
déterminé par le jugement , et qui ne pourra
excéder cinq années ; le tout conformément
au chapitre III du livre Ier. du Code pénal , sans
préjudice des poursuites criminelles et de l'application des peines plus graves prescrites par
le Code pénal , dans le cas où les cris , les
discours , écrits et actes séditieux auraient été
suivis de quelque effet ou liés à quelques complots.

En cas de récidive, les coupables seront punis d'une peine double; de telle manière que l'emprisonnement pourra être de dix années, et la mise en surveillance de dix années pareillement.

XI. Les dispositions de l'article 114 du Code d'instruction criminelle, et celles de l'article 463 du Code pénal, ne pourront être appliquées dans les cas prévus par la présente loi.

XII. Les tribunaux pourront ordonner l'impression et l'affiche des jugemens portant condamnation, dans tout ou partie du ressort de l'arrondissement.

XIII. Les dispositions du Code d'instruction criminelle et du Code pénal continueront d'être exécutées dans tout ce à quoi il n'est pas dérogé par la présente loi, notamment en ce qui touche les attentats et complots contre la personne du Roi et contre sa famille, et les crimes tendant à troubler l'État par la guerre civile, tels qu'ils sont désignés dans la section II du chapitre Ier. du livre III du Code pénal.

La présente loi, discutée, délibérée et adoptée par la Chambre des Pairs et par celle des Députés, et sanctionnée par nous cejourd'hui, sera exécutée comme loi de l'État; voulons, en conséquence, qu'elle soit gardée et observée dans tout notre royaume, terres et pays de notre obéissance.

Si donnons en mandement à nos Cours et Tribunaux, Préfets, Corps administratifs et tous autres, que les présentes ils gardent et maintiennent, fassent garder, observer et maintenir, et, pour les rendre plus notoires à tous nos sujets, ils les fassent publier et enregistrer partout où besoin sera : car tel est notre plaisir ; et afin que ce soit chose ferme et stable à toujours, nous y avons fait mettre notre scel.

Donné à Paris, le neuvième jour du mois de novembre de l'an de grâce mil huit cent quinze, et de notre règne le vingt-unième.

Signé LOUIS.

Par le Roi : *Le Garde des sceaux de France, Ministre Secrétaire d'état au département de la justice,* signé Barbé-Marbois.

Vu et scellé du grand sceau : *Le Garde des sceaux de France,* signé Barbé-Marbois.

Certifié conforme par nous, Garde des sceaux de France, Ministre Secrétaire d'état au département de la justice, *signé* Barbé-Marbois.

ADRESSE

A MM. les Membres de la Chambre des Pairs et de la Chambre des Députés.

MESSIEURS,

LE premier mérite des lois, et surtout des lois pénales, c'est d'être claires et précises : le second, c'est de n'atteindre que le crime, ou l'espèce de délit qu'elles ont voulu réprimer.

Dès qu'une loi manque de ces deux qualités essentielles, loin de produire le bonheur, la justice et la paix, elle devient au contraire une source intarissable de réclamations, de désordres et d'abus toujours funestes à la tranquillité publique ; les citoyens, par elle, sont livrés à l'arbitraire ou aux injustices même involontaires des magistrats : tel est déclaré coupable, qui ne l'a jamais violée ; et tel autre, qui se croyait innocent et à l'abri de ses coups, en est inopinément frappé dans l'exercice même de ses droits, et dans l'accomplissement de ses devoirs les plus indispensables et les plus sacrés.

La loi du 9 novembre 1815, relative à la suppression des cris séditieux, et des provocations à la révolte, précipitamment rendue à cause de son urgente nécessité, se trouve aujourd'hui malheureusement atteinte de cette double imperfection : l'expérience nous en a convaincus : 1°. Elle n'est ni claire, ni précise ; 2°. elle semble punir, comme délits, des actes qu'elle n'a jamais voulu ni interdire, ni réprimer.

C'est particulièrement dans les articles 5, 8 et 9, que se trouvent une ambiguïté de mots, une tortueuse prolixité de rédaction, et un amas d'expressions vagues, qui ne permettent ni aux discours, ni aux intentions, ni aux écrits les plus loyaux et les plus innocents, d'échapper à l'accusation et à la rigueur de cette loi. C'est contre les factieux qu'elle était dirigée ; et on en fait impunément et continuellement usage contre les plus fidèles sujets du Souverain légitime.

Tel est, par exemple, le texte de l'article 5 : « Sont déclarés séditieux tous cris, tous dis- » cours proférés dans des lieux publics, ou » destinés à des réunions de citoyens ; tous » écrits imprimés, même tous ceux qui, n'ayant » pas été imprimés, auraient été affichés, ou » vendus, ou distribués, ou livrés à l'impres-

» sion; toutes les fois que par ces cris, ces
» discours ou ces écrits, on aura tenté d'affai-
» blir, par des calomnies ou des injures, le res-
» pect dû à la personne ou à l'autorité du Roi,
» ou à la personne des membres de sa famille,
» ou que l'on aura invoqué le nom de l'usur-
» pateur, ou d'un individu de sa famille, ou
» de tout autre chef de rébellion; toutes les
» fois encore que l'on aura, à l'aide de ces
» cris, de ces discours ou de ces écrits, excité
» à désobéir au Roi et à la Charte constitu-
» tionnelle. »

Vous voyez, Messieurs, qu'il est défendu
par cet article *de tenter d'affaiblir, par des
calomnies ou des injures, le respect dû à
la personne ou à l'autorité du Roi*; et que
dans ce dédale de mots et d'expressions em-
barrassées, on semble dire que le même acte
est permis et ne sera point considéré comme un
délit, pourvu qu'il n'y ait dans les discours
ou dans les écrits, ni *des calomnies*, ni *des
injures*. On ne voit pas non plus clairement,
par la lettre du même article, si c'est par le
moyen seulement des *calomnies* et des *injures*
qu'il est défendu d'exciter à désobéir au Roi
ou à la Charte constitutionnelle.

L'article 8 de la même loi présente encore
plus d'incertitude et d'ambiguïté; en voici le

texte : « Sont coupables d'actes séditieux
» toutes personnes qui répandraient ou accré-
» diteraient, soit des alarmes touchant l'in-
» violabilité des propriétés qu'on appelle na-
» tionales, soit des bruits d'un prétendu réta-
» blissement des dîmes ou des droits féodaux,
» soit des nouvelles tendant à alarmer les ci-
» toyens sur le maintien de l'autorité légitime,
» et à ébranler leur fidélité. »

Vous voyez, Messieurs, que cet article range
dans la même cathégorie, et réunit trois choses
sur lesquelles il est défendu *de répandre ou
d'accréditer des alarmes;* savoir, *les propriétés
qu'on appelle nationales ; les dîmes ou les
droits féodaux; le maintien de l'autorité légitime.* Mais s'agit-il ici d'*alarmes religieuses,*
qui, suivant la morale évangélique, ne sont
que des remords de conscience pour le salut
de l'ame et le bonheur de l'autre vie ? ou s'agit-
il d'*alarmes politiques,* qui, suivant les lois de
l'Etat, ne sont que des nouvelles, des discours
et des bruits vrais ou mensongers, par le moyen
desquels on annonce et l'on veut faire croire au
public quelque événement imprévu, quelque
catastrophe ou quelque changement malheureux? Voilà précisément ce que la loi n'ex-
plique point : mais il est probable néanmoins
qu'il ne s'agit ici que des alarmes politiques:

1°. parce qu'une loi politique ne peut s'étendre qu'à des objets ou des actes civils et politiques, qui intéressent le bonheur des citoyens dans ce monde; et non pas à des objets ou des actes spirituels, qui intéressent la conscience intime et le bonheur des chrétiens dans l'autre monde; 2°. parce que l'esprit et le but unique de cette loi sont d'empêcher sans doute que l'on ne fasse craindre aux Français que les dîmes ou les droits féodaux seront un jour rétablis, ou que les biens nationaux seront violés, ou que l'autorité légitime sera renversée : or, les alarmes religieuses, les remords de conscience n'ont rien de commun avec ces espèces de délits, et ne sauraient être poursuivis comme tels.

L'article 9 est aussi difficile à comprendre, et encore plus difficile à appliquer, tant est grande l'obscurité, l'ambiguïté, la confusion de mots et de choses qui règnent dans son texte; le voici: « Sont encore déclarés séditieux » les discours et écrits mentionnés dans l'ar- » ticle 5 de la présente loi, soit qu'ils ne con- » tiennent que des provocations indirectes aux » délits énoncés aux articles 5, 6, 7 et 8 de la » présente loi ; soit qu'ils donnent à croire que » des délits de cette nature, ou même les » crimes énoncés aux articles 1, 2 et 3, se-

» ront commis, ou qu'ils répandent faussement
» qu'ils ont été commis. »

Vous voyez encore, Messieurs, que le délit ici consiste *à tenir des discours, ou à imprimer des écrits qui contiennent des provocations indirectes par lesquelles on donne à
croire que des discours ont été tenus, ou des
écrits ont été publiés, par lesquels on a tenté
d'affaiblir, par des calomnies ou des injures,
le respect dû à la personne ou à l'autorité du
Roi.*

Si la complication des mots constitue la
complication des délits, certes il n'est point de
code criminel au monde qui prévoye et qui
caractérise un délit plus compliqué que celui-
ci. Heureux le législateur qui a clairement et
facilement compris l'objet de cet article !
Plus heureux le magistrat qui peut en saisir
l'esprit, et l'appliquer sans erreur ! mais mille
fois plus heureux encore l'accusé qui sort absous de ce labyrinte métaphysique où se perdent
l'intelligence la plus lumineuse et la plus
pénétrante sagacité !

Ce n'est pas moi, Messieurs, qui ai eu le
bonheur d'en sortir absous, quoique j'y sois
entré parfaitement irréprochable : ce n'est pas
non plus le vénérable abbé Fleury, ni beau-

coup d'autres ecclésiastiques de Perpignan, etc., etc......; car depuis la promulgation de cette loi, elle a été plus particulièrement dirigée contre les prêtres catholiques et fidèles , qui n'ont jamais prêté serment ni à l'anarchie , ni à la tyrannie , ni à aucune innovation révolutionnaire , soit politique , soit religieuse. Depuis 26 ans , nous n'avions été coupables d'aucun autre délit, que d'aimer et de servir le Roi contre la révolution ; mais la loi du 9 novembre a récemment découvert en nous des délits que nous ne soupçonnions pas.

En effet, le 3 septembre 1816, j'ai été mis en jugement , d'après les articles 5, 8 et 9 de ladite loi, pour avoir publié un écrit intitulé *le Concordat expliqué au Roi*, *et m'être, par-là, rendu coupable de provocation indirecte prévue par l'article 9, à un délit prévu par l'article 8, consistant à avoir cherché à répandre des alarmes de conscience touchant l'inviolabilité des propriétés dites nationales ;* et en punition de ce délit, j'ai été condamné à trois mois d'emprisonnement, en 50 francs d'amende, deux ans de surveillance sous la haute police, 300 francs de cautionnement, suppression de mon ouvrage, et aux dépens.

Sur l'appel de ce jugement, rendu par le

tribunal de première instance, j'ai été jugé, le 18 octobre 1816, par la Cour royale, d'après les mêmes articles 5, 8 et 9, et condamné à trois mois d'emprisonnement, en 50 francs d'amende, à un an de surveillance sous la haute police, à 200 francs de cautionnement, à la suppression de mon ouvrage, *et même de mon Mémoire justificatif*, et aux dépens ; et cette peine m'a été infligée comme également coupable de provocation indirecte prévue par l'article 9, à un délit prévu par l'article 8, consistant à avoir cherché à répandre des alarmes ou craintes religieuses, touchant l'inviolabilité des biens dits nationaux.

Le 16 novembre 1816, l'abbé Fleury a été jugé par le même tribunal de première instance, comme coupable de provocation indirecte prévue par l'article 9, à un délit prévu par l'article 8, consistant à avoir cherché à répandre des alarmes religieuses touchant l'inviolabilité des propriétés qu'on appelle nationales, dans un imprimé de quatre pages, intitulé *Apologie des prêtres catholiques*, où ce confesseur de la foi se plaint amèrement des persécutions qu'il a éprouvées à Fougères, et demande la permission de prêcher librement le septième commandement de Dieu ; et pour ce délit, prévu dit-on, par les articles 5, 8 et 9 de la loi du 9 novembre, ce vénérable vieillard est condamné à 3 mois de prison, en 5o francs d'amende, un an de surveillance sous la haute police, 200 francs de cautionnement, à la suppression de son ouvrage de quatre pages et aux dépens.

Or vous voyez, Messieurs , que dans ces trois jugements et arrêts prononcés contre deux prêtres catholiques, mais à la vérité anti-révolutionnaires, dont l'un a souffert 25 ans d'exil pour la défense de l'autel et du trône ; et l'autre a subi, pour la même cause, en France, cinq jugements révolutionnaires, et 335 emprisonnements ; tout leur crime consiste en *une provocation indirecte, à un délit, par des alarmes religieuses dans les consciences, touchant l'inviolabilité des propriétés dites nationales.*

Il est donc essentiel, il est urgent, Messieurs, soit pour l'avantage de notre législation , soit pour le maintien des limites qui séparent dans tous les pays le for extérieur du for intérieur ; la justice divine , de la justice humaine ; le code des lois du Prince , du code des lois de Jésus-Christ ; la puissance du sceptre, de celle des clefs ; enfin les droits et les devoirs des magistrats, de ceux du prêtre catholique ; il est essentiel , dis-je, pour toutes les classes de citoyens, et plus particulièrement pour les ecclésiastiques ci-dessus nommés, et pour tous les autres sur qui l'accomplissement de leurs obligations sacerdotales attirerait les mêmes punitions, que l'esprit de la loi du 9 novembre sur la véritable signification du mot ALARMES, soit clairement et positivement expliqué et développé ; puisque c'est de là que dépend l'absence ou l'existence du délit, la justice ou l'injustice de leur condamnation.

A ces motifs, qui demandent si impérieusement l'interprétation claire et positive de cette loi, il s'en joint un autre aussi puissant et non moins légitime, qui nécessite également son rappel ; c'est le considérant - même de ladite loi, qui s'exprime ainsi : « Notre Charte cons-
» titutionnelle a réservé, par l'article 63, le
» tribunal que réclament les circonstances : la
» juridiction prévôtale a, en sa faveur, l'expé-
» rience des temps passés, et nous promet les
» heureux résultats, qu'elle a produits sous
» les rois nos ancêtres. Mais, tandis que notre
» conseil prépare avec maturité les dispositions
» de la loi qui doit la rétablir, nous avons cru
» devoir chercher un remède momentané dans
» une législation provisoire. »

Daignez observer, Messieurs, que, d'après l'intention et la volonté bien clairement expri-mées du législateur, la loi du 9 novembre n'est qu'*un remède momentané, une législation provisoire* en attendant le rétablissement des Cours prévôtales et de *leur juridiction qui a , en sa faveur, l'expérience des temps passés* : or les Cours prévôtales sont depuis long-temps rétablies ; donc cette loi provisoire est révoquée de droit, et semble réclamer de vous, Messieurs, sa révocation positive et légale.

De là il résulte que les crimes et les délits, prévus, et si confusément signalés par la loi du 9 novembre, ne devaient plus ressortir aux tribunaux de police correctionnelle, ni des cours d'assises , dès le moment où les juridictions prévôtales ont été rétablies ; mais par des motifs qu'il ne nous est ni permis , ni possible de développer d'une manière claire et précise, les magistrats du tribunal de première instance qui nous ont jugés , se sont déclarés compétents au mépris de nos pressantes réclamations, et malgré leur incompétence positivement et solennellement prononcée par la loi même d'après laquelle ils nous jugeaient.

Le droit suprême de faire les lois n'appartient qu'au législateur; et c'est également à lui seul qu'appartient le droit de les expliquer, ou de les suspendre et de les révoquer.

D'après ces motifs, si intéressants pour la tranquillité de l'Etat, et pour une classe d'hommes dont la doctrine, la morale et les devoirs ecclésiastiques, sont tout à la fois compromis et menacés d'un asservissement qu'ils ne doivent plus craindre sous l'empire du fils aîné de l'Eglise, nous osons vous supplier, Messieurs, sans considérer la loyauté de nos principes, ni nos services passés, ni nos sacrifices en faveur de l'autel et du trône, mais ayant égard seulement au droit qu'ont tous les citoyens d'être jugés par des lois simples, claires et précises, de pourvoir, dans votre sagesse et suivant les formes prescrites, à ce que la loi du 9 novembre, qui nous a frappés injustement; cette loi si obscure, si diffuse, si incertaine, si équivoque dans son esprit, dans ses dispositions, dans son texte, soit promptement rapportée; ou remplacée par une autre claire, précise et favorable à l'innocence; ou que, du moins, elle soit expliquée et de nouveau rédigée de manière à faire connaître à tous les tribunaux, à toutes les cours de judicature, à la France entière, qu'en prohibant et punissant comme un délit les ALARMES touchant soit les propriétés nationales, soit les dîmes, soit les droits féodaux, le législateur n'a voulu et prétendu parler que des ALARMES POLITIQUES qui sont soumises aux lois de l'Etat, et non des ALARMES RELI-

GIEUSES qui ressortissent au for intérieur,
qui ne sont soumises qu'aux lois de l'Eglise,
et qui sont comme le sceptre et le glaive de la
morale évangélique, sans lesquels la foi n'est
qu'un fantôme, les empires même sont sans
base, et la religion n'est rien.

Signés l'Abbé VINSON, *Prêtre, Bachelier en
théologie, et Vicaire de Sainte-Opportune
de Poitiers ;*

L'Abbé FLEURY, *Prêtre catholique, et Curé
du diocèse du Mans.*

Paris, 21 Novembre 1816.

www.ingramcontent.com/pod-product-compliance
Lightning Source LLC
LaVergne TN
LVHW021035050726
842519LV00003B/882